U0856630

名车

［法］法布里斯·科南 著
周 瑛译

上海文化出版社

目录

四轮一驱动，历史新篇章 1

AC
眼镜蛇 7

雷诺 阿尔卑斯
A110 9

阿尔法·罗密欧
8C 2300 10

阿尔法·罗密欧
158/159 12

阿尔法·罗密欧
朱列塔·斯皮瑞特 14

阿斯顿·马丁
DB4/ DB4 GT 16

阿斯顿·马丁
DB9 18

奥本
高速 851 19

奥迪
卡托 20

奥斯汀–希利
3000 22

奥斯汀
迷你 24

联合汽车公司
D型车 26

陆上宾利
R型车 28

奔驰
三轮驱动车 30

宝马
507 32

宝马
M1 34

布加迪
35号 36

布加迪
57号 38

布加迪
皇家 40

布加迪
威龙 42

别克
“路面大师” 43

凯迪拉克

埃尔多拉多　44

凯迪拉克

V16　46

雪佛兰

科尔维特　48

克莱斯勒

“蝰蛇”　50

雪铁龙

前轴驱动车　52

雪铁龙

2CV　54

雪铁龙

DS　56

科德

810　58

德·迪翁·布东

G 型车　60

德拉热

D8　62

德拉哈耶

135　64

杜森伯格

J 款车　66

法赛尔·维加

HK500　68

法拉利

250GTO　70

法拉利

250 特斯塔·罗萨　72

法拉利

迪通拿　74

法拉利

恩佐　76

菲亚特

8V　78

菲亚特

500　80

福特

雷鸟　82

福特

野马　84

福特

T 型车　86

福特

GT 40　88

伊斯帕诺-西扎

68 型　90

本田

NSX　92

本田

S800　94

哈德森

超级 6 号　95

捷豹

XK120　96

捷豹
D 型车　98
捷豹
E 型　100
吉普
威利斯　102
兰博基尼
缪拉　104
兰博基尼
康塔奇　106
蓝旗亚
兰博达　108
蓝旗亚
奥拉莉亚　110
路虎
揽胜　112
莲花
7 号　114
莲花
78 F1　116
莲花
艾丽斯　118
玛莎拉蒂
A6GCS　120
玛莎拉蒂
吉卜力　122
马自达
RX7　124
马自达
米亚达 /MX5　126
迈凯轮
F1 GTR　128
梅赛德斯
540K　130
梅赛德斯
F1 W196　132
梅赛德斯
300SL　134
梅赛德斯
280SL　136
名爵
B 型车　138
尼桑
240Z　140
帕卡德
双 6　142
毕加索
Z102　143
标致
401日食　144
标致
504　146
庞蒂亚克
GTO　148
保时捷
356　149

保时捷
911 150
雷诺
AG“马恩河边的出租车” 153
雷诺
R8 戈尔迪尼 154
雷诺
RS01 F1 赛车 156
雷诺
空间 158
劳斯莱斯
银色幽灵 160
劳斯莱斯
银云 162
精灵
双座 164
世爵
C8 166
史蒂倍克
星际线指挥官 168
斯图兹
熊猫 170
塔尔博特-拉戈
T150 SS 172
推进
超音速号 174
丰田
2000GT 176
丰田
卡罗拉 177
丰田
海拉克斯 178
凯旋
TR4 180
塔克
1948 182
瓦赞
C28 183
大众
甲壳虫 184
大众
康比 186
大众
高尔夫 GTI 187
沃尔沃
P1800 188

四轮一驱动，历史新篇章

当一个拉美西斯二世的士兵驾驭着他那灵巧紧凑的马车追赶着来自小亚细亚的可怕的赫梯人时，他在想些什么？当罗马战士驾驭着由四匹烈马牵引的套车，在巨大的罗马竞技场上风驰电掣时，他们又在想些什么？权力、荣耀、速度、自由及永恒，自最早的车辆雏形出现以来，驾驶员们就从未停止过对这些感觉的追求。

这种追求自始至终都伴随着一种奇妙的技术赌注，旨在用一种由单一的机械能驱动的车辆去代替由马匹牵引的拖车。首当其冲点燃人们最狂热希望的便是蒸汽：德尼·巴班通过安装一台蒸汽机所产

福特 T 的问世拉开了 20 世纪机动车生产的序幕。无论是在科学技术、工业发展还是沟通交流等方面，福特都开创了新的纪元。

汽车由最初的实用性转变为娱乐性，这款 2CV 可以说是顺应时代潮流的产物，归根结底，它带来的更多是视觉上的冲击。

生的压缩动力驱动了四轮车。接着，约瑟夫·屈尼奥发展了这一技术，他在一辆三轮车上安装了蒸汽机用以运输大炮部件。然而这一装置终因难以操作而碰壁夭折，终结了其构思者对它的种种希望。从此，蒸汽机带来的更多的是铁路运输方面的福音。

整个欧洲都配备了高效的铁路网络，人们出行和货物运输的时间一下子明显缩短了。这一可贵的成就使得马车的年代基本终结。然而蒸汽机的发展遇到了瓶颈，于是颇有前景的机动化新能源开始问世。石油精炼技术的进步带来的是高效液态燃料的诞生。其中，萘便是未来新能源的基本元素。法国工程师博德罗莎发明了热力循环，德国的引擎制造者奥托依照博德罗莎所发明的热力循环创造出第一部成功的鄂图燃烧引擎。接着，在 19 世纪 80 年代中期，法国人德拉马尔·戴波第维尔以及德国人戴姆勒和本茨循序渐进地制造出三冲程和四冲程内燃机，从而勾勒出了最初的汽车模型。所有的这些发明都在巴黎世博会上展出，并在 20 世纪的科学技术领域掀起了一阵前所未有的巨浪。

汽车行业的竞争由此展开。第一批产品已然问世，作为主要生产者的庞阿尔与勒瓦索尔在法国重新购得戴姆勒四轮汽车的专利。当时需要对这些新产品的路面性能做一系列测试。于是，从 1894 年开始，城际汽车性能比赛在法国展开，观者带着强烈的好奇心体会了令人战栗的速度所带来的刺激感。引人注目但同时也可致命的汽车竞赛成了扬名立万的好机会，例如米其林兄弟便趁此机会将其生产的汽车轮箍推销给了汽车制造商。在此期间，汽车提速一直是人们主攻的课题，然而，在 1899 年，打破 100 公里时速记录的是一辆电动汽车。当时，法国人卡米耶 · 热纳尔驾驶的便是他那极具特色的鱼雷状“永无止境”号汽车，该款汽车标志着一种对速度永无止境的追求，但汽车从此以后也向更加

45 年过去了，保时捷 911 仍然风华绝代，随着时间的推移，更不乏经典款式的出现，例如此处展示的便是 1974 年生产的卡雷拉 2.7L。

继 EB110 之后，布加迪以其梦幻般的布加迪威航加上 V16 的 1001 马力引擎占据了市场。摩尔塞姆(布加迪创始地）人的精神一直被保存并流传下来。

站立的骏马，黄色耀眼的徽章印在生产于 2002 年的超级法拉利恩佐的大红车身上，以表示对其创始人的敬意（见左页图片）。

柔和的方向转变。

在大西洋的另一端，有一个人决定正面挑战欧洲大陆，让“四轮汽车奔驰在美国的土地上”。这个人便是亨利·福特，他勇敢地作出了尝试，并让福特 T 占据了美国市场。从 1908 年到 1927 年，该型号的生产量达到了 1600 万辆。就像 20 世纪的火车一样，这样一款极具革新意义的车型，风靡于城市和乡村。正是因为有了如此便利的交通工具，各个地区得以沟通和连接，于是以运输为初衷的机械瞬间成了交流的载体。

在欧洲，日后扬名于世的汽车品牌已开始崭露头角，如雷诺、菲亚特、蓝旗亚和梅赛德斯。福特于 1912 年开始在生产过程中加以创新，如装配线的操作；一战之后诞生的雷诺和雪铁龙为了产品的收益，也采取了相同的方法。这种技术上的改革使得各汽车公司能够生产出更大众化的车型，从而赢得更多的客户。这些未来汽车巨头的身边总是围满了客户，他们对四轮机车满怀憧憬和渴望，并且都具备强大的购买能力。布加迪、杜拉捷、劳斯莱斯、凯迪拉克、奥本、希斯巴诺－苏莎、宾利、伊索塔·弗拉斯基尼、阿尔法·罗密欧、帕卡德以及布奇亚利都是兼具奢华外形和优良性能的杰出代表。引人注目的汽车车身设计堪比如今的高级定制成衣，伴随着强有力的 V12 或 V16 引擎的轰鸣声，这些车足以使路人频频侧目并为之震惊。然而，1929 年的经济危机却限制了这些辉煌品牌的发展，加上第二次世界大战的打击，其中的大部分在这种恶劣的环境之下，难以东山再起。

伴随着国家的战后重建，汽车工业前所未有地走上了大批量生产的道路。在这一背景下，诞生了一些传奇款式：大众的甲壳虫或是雪铁龙的 2CV。

为了摆脱战争带来的消极影响以及贫困的现状，汽车工业开始扮演起了织梦人的角色，汽车成了社交和自由的代名词。随着公路网的日臻完善，人们在带薪假日里纷纷驾车前往有着灿烂阳光的度假胜地度假。为了迎合这种潮流，一种新型汽车问世了。源自英国和意大利的旅行小轿车和敞篷汽车从竞争中脱颖而出，其流线型的外观和高贵典雅的气质吸引了众人的目光，很快便流行了起来。利用速度、外观以及诱人的价格等诸多优势，欧洲的制造商们拥有了打开美国市场的契机。可是日益严苛的安全标准、石油能源危机以及汽车工业越来越倾向于“汽车为生活而存在”的理念，使这些传奇般的手工艺生产者重拾对汽车的生产信条。因为对于汽车制造商而言，生产的关键便是追求汽车的安全性和舒适性，并在汽车模式化的基础上扩大企业规模。雷诺及其合作伙伴马特拉顺应了这一潮流，研发出整体半身轿车。这款车很快便大行其道，成为新一代超级轿车，它不仅独特，而且具备了一些法律上明文禁止的操作功能。

尽管该款车吸引了极为广泛的注意力，但更具发展前景的注定还是那些能够节约油耗并减少废气排放的汽车，只有这样才能更加长久地吸引大众的目光。

沾有毒液的恶魔

“她就叫眼镜蛇，好吗？”这是卡罗尔·谢尔比在授权给AC汽车掌门人德里克和查尔斯·赫洛克兄弟时所说的一句话。在这看似不可能的联合下，诞生的是一款前无古人后无来者的魔幻型汽车。双方联合的原因：一方面在于赫洛克兄弟不遗余力地想要将这个最古老的英国汽车品牌之一永久流传下去；另一方面，他们又想借鉴美国牛仔的硬朗风格。卡罗尔·谢尔比的一生无疑是一部传奇小说。他曾经是美国空军的一名飞行员，后来成了轮胎和汽车销售商，同时，这位美国人也是一名优秀的汽车驾驶员，证据便是他驾驶着阿斯顿·马丁在勒芒24小时耐力赛中的精彩表现。谢尔比甚至曾和法拉利联系并成为其斯库德里亚车队的一名队员，但是，由于车队的监理人恩佐·法拉利无法容忍他人对既定条款加以讨论，两人之间产生了矛盾。于是，谢尔比自行研发了一辆命名为“抵抗红色”的汽车。

事实上，卡罗尔·谢尔比长久以来都受到心脏病的困扰，他必须长期服用硝化甘油药片。他的健康状况使其不得不放弃竞赛，继而全身心地投入到新的领域，即汽车设计行业中去。

在他的领导下，AC于1956年在其产品目录中新增一款配备了布里斯托（Bristol）引擎的敞篷汽车：ACE。这款车型于1960年末投入市场，并被谢尔比本人和这个英国品牌的其他负责人看好。为了让它成为马路女皇，设计者在底盘安装了一个4.2升V8气缸。这是福特的全新器械，由此，福特也成为这一大品牌的长期合作伙伴。为了寻得符合当下年轻人所追求的享乐主义和感官主义的汽车外形，这一美国汽车巨头以极大的热情投入该项探索之中，随后极具证明性的拥有260马力引擎的“AC”眼镜蛇应运而生。该车对极致的追求一直延续到1968年即该车型的最后一个生产年份才停止。

继4.2升气缸之后，4.7升气缸出现在了该车的发动机罩之下，此后，随时面临死亡威胁的谢尔比又给该车配备了庞大的7升V8气缸。该车仍然由福特出品，而且这次它直接出现在了全美运动汽车竞赛协会锦标赛的赛场上。

这次改进版的动力强度在415至485马力之间。这样大幅度的性能提升同时伴随着各种问题的产生，在试航时，出现了驾驶不稳的状况。由于配备了低转轴装置，眼镜蛇放弃了分段内切功能，即使给予油门最小的压力，加速器也能迅速运转，后轮不断带动前轮，结果就是轮胎橡胶被烧得冒出来一大股浓烟。

为了使该车更加平民化，一款精致而稀有的眼镜蛇427在经过适当改动后问世。这些改动体现在悬挂装置和加大的轮距上。铝质车身配以管状金属网结构，加上翼状车型，组合成了一个非常态大小的轮廓，给人一种野兽呼之欲出的感觉。1965年，命名为“迪通拿”的双座眼镜蛇在云集了各类汽车品牌的锦标赛中给人留下了深刻的印象……这正是当年谢尔比摔门离开法拉利时所梦想获得的成功！三年之后，眼镜蛇系列停产，其总产量在一千辆左右。20年之后，特克森重拾眼镜蛇的精髓，他建议他的朋友李·亚科卡从福特跳槽到克莱斯勒，以共同制造其十分钟情的眼镜蛇车型后代为共同目标。克莱斯勒充满锐气的蝰蛇系列即将问世。

超强性能的AC眼镜蛇，由英国老牌制造商AC和美国前飞行员卡罗尔·谢尔比强强联手完成，配以7升气缸的眼镜蛇427车型，堪称汽车史上最具恶魔气质的一位成员。

顺滑、良好的转弯性能及其年度记录是它的代名词。高113厘米的雷诺阿尔卑斯A110成为新一代锦标赛冠军争夺者的梦想车型，也是运动车型中的佼佼者。

在烈日–罗马–烈日、米勒·米勒斯、阿尔卑斯等一系列汽车锦标赛中，小巧的4CV雷诺有着从未出现在公众视野中的特制铝质车身。一开始人们并不认识它，但就是这款车在一个个弯道超过对手并且赢得了最后的胜利。就是这最新的成功，使得该款汽车得到了阿尔卑斯A106的代号。1953年，身兼汽车设计师和驾驶员双重职务的让·雷代莱并不打算就此止步。作为法国雷诺最年轻的独家经销商，雷代莱发誓要让自己的迪耶普车库成为全法国拥有运动车型的车库中的领军者。继A108之后，1962年末A110问世。其车身底盘为玻璃纤维外壳，在装载由大名鼎鼎的阿梅德·戈尔迪尼研制的雷诺驱动装置之前，第一时间内置了雷诺8。阿尔卑斯A110，同样以“柏林奈特”（Berlinette）这一名字闻名，这无疑是标志着雷诺跨步发展的里程碑。就像雷代莱所期待的一样，竞赛是这些蓝色汽车互相交流的最好方式。由于车身极为轻便，加上完美的车身使得其重心偏下，A110在直路及弯道上的表现，在全世界范围来说都是极为出色的。这辆高113厘米的小型双座汽车在拉力赛上吸引了人们的眼球，同时也见证了一代驾驶高手的诞生，如让–克罗德·安德吕埃、伯纳德·达尼切、让–皮埃尔·尼古拉以及让–马克·泰里耶。在1973年的阿尔卑斯拉力赛上，这四位无疑演奏了一部充满震撼的四重奏乐章。之后，由于深受当时石油危机的影响，这一车型被雷代莱当时的合作伙伴雷诺收购，直到1977年这一车型仍在生产。但它后来逐渐让位于1971年末开始生产的A310。后者虽然未像柏林奈特那样身负盛名，却保持了法国运动车型复兴典范的地位。

阿尔法眼中的激情

阿尔法集团创立于 1900 年，6 年以后被尼古拉·罗密欧收购，从此快速走上了运动型汽车发展的道路。在一个崇尚机械魅力的国度，阿尔法·罗密欧车型的灵魂在于其驱动装置。在 8C 2300 引擎盖下嗡嗡作响的是一个 8 升双凸轮轴的气缸，这是一项出自工程师维托里奥·亚诺的杰作。尽管处在 1929 年经济大萧条导致的汽车行业不景气的背景下，阿尔法·罗密欧仍坚持打造这一款著名的 V8 车型，旨在该款车型一旦亮相于当时的赛事，便能立即吸引公众的眼球。

最后，这一赌果然赢得十分漂亮。之后，该车又由塔齐奥·努沃拉里驾驶，第二次参与赛事，并且赢得了新的赞誉。事实上，传奇的产生应该归功于工程师亚诺向驾驶员们所提出的上调车轮的挡泥板的建议。努沃拉里接受了这一提议，并且获得了成功，反之，他的队友阿尔坎杰力并没有听从。

获胜者努沃拉里是在雨中完成这次锦标赛的，挡泥板很好地阻挡了飞溅的水花，使他得以保持比其他人更为清晰的视野。该车紧接着获得了一连串的胜利，尤其是在米勒·米勒斯以及勒芒 24 小时拉力赛中，8C 2300 保持了从 1931 年到 1934 年四连冠的纪录。除了这些接连而至的胜利外，维托里奥·亚诺设计的梦幻般双座汽车也是速度赛的翘楚，在其获奖的赛事中，也是浓墨重彩的一道风景线。

在参与竞赛的同时，著名的车身设计师如扎卡托和托林也生产出双座小汽车和可折叠的顶篷式汽车供民用。这些汽车明星，最高时速可达到指令下的 170 公里，在当时这可是一个惊人的记录。从 1931 年到 1934 年，共生产了 88 辆 8C 2300，此后该款车让位于超级车型 8C 2900，其材料不变，只是从竞技车型转为了民用车型。

这辆在勒芒 24 小时拉力赛，米勒·米勒斯、塔加费罗里奥等一系列经典运动汽车赛事中拔得头筹的汽车就是著名的 8C 2300(如上图)，其制造者便是阿尔法·罗密欧。该车产于 1938 年，在其 8C 2900 的引擎盖下，安装着令人惊讶的驱动装置（如下图）。

四叶草的胜利

20 世纪 30 年代无疑是属于阿尔法·罗密欧的。同时，这些年对于公司来说，也是灵感迸发的年份。无论这些灵感是来自工程师维托里奥，还是其继任者焦阿基诺·科隆博。后者的职责在于创造出运用 1.5 升引擎的全新 158 小车型。在经过设计师的谨慎构思之后，158 的主要组成部分由一个出色的铝合金 V8 缸座和双极压缩机构成。这一理念十分新潮，它使得汽车的机械装置和其不远处的传动装置

从 1938 年投身于竞赛到 1951 年，阿尔法·罗密欧 158/159 一直都在各项赛事中独占鳌头，其最早的成功要追溯到胡安－曼努埃尔·凡焦在一级方程式中的精彩表现。

相连，并在两者中间配备了一个自动上锁装置以保证有限制的传动。拥有如此装置的 158 自此罕逢敌手，很快独步“车”林。

尤其是在二战之后，这一车型终得以发扬光大，当时的国际运动裁决机构决定保留发展得非常好的 1.5 升，用于大力协助 4.5 升的发展，并改用另一个名字“阿尔法塔”（Alfatta），从此，该款车成了不可战胜的车型，并在 1950 年的一级方程式车赛上获得冠军，从而得到了广泛的支持。该车由号称“3F”的赛车手驾驶，他们分别是朱塞佩－尼诺·法雷纳、胡安－曼努埃尔·凡焦和路易吉·法焦利（三人的姓氏都是以字母 F 开头）。阿尔法·罗密欧在一年内独揽三项赛事大奖，法雷纳成为一级方程式历史上的第一位冠军。1951 年是阿尔法塔的盛典之年，在经过一系列改装，尤其是把原先的 1.5 升的小 V8 改为 425 马力之后，该车一分钟的转速可达 9500，从而华丽转身为 159。它的驾驶员胡安－曼努埃尔·凡焦与阿尔法·罗密欧的前运动车型领军人物阿尔真迪亚－弗罗伊兰·冈萨雷斯进行了一番激烈的角逐，后者驾驶由恩佐·法拉利研发的车型，最终前者成为第一个取得五连胜的人。

勇敢的心

在辉煌的6C和8C之后，阿尔法·罗密欧在20世纪50年代初旨在扩大其客户群。配备了超级1.3升引擎的吉里耶塔·斯皮瑞特一经问世便立刻吸引了大众的目光。

属于6C和8C以及其他车型的辉煌在欧洲大陆舔舐二战带来的伤痛时已经成为过去，阿尔法·罗密欧集团也迎来了20世纪的下半叶。当时欧洲正处于重伤期，汽车的福音年已然过去，因此阿尔法不得不降低身价扩大销量以保证公司的运转。正是在这种棘手的状况下，阿尔法车型设计中心的工作人员在费利切·博阿诺的领导下，勾勒出了朱列塔的雏形。该车由贝尔托内负责生产，并且他本人也参与了该车型最后的定稿制作。最终诞生的朱列塔·斯皮瑞特也是双座小轿车中的一员，它遗传了四叶草家族的优良基因，并保持了流畅线条和运动天分等优点。这种2+2样式的双座轿车自问世后立即获得广泛好评，尤其值得一提的是它那标志性的两撇胡须般的散热器护栏，依然并且永远保持用闪亮的金属作为连接。

这辆车采用的并不是特殊引擎，而是一个简单的现代的 4 个 1.29 升全铝双凸轮轴，这就相当于拥有了一个骑兵队的马力，其车身仅重 880 公斤，时速可达 160 公里。这一车型传承的运动精神以及马路上所向披靡的英姿，足以让体育爱好者在入手该款车型后相当满足。成功如约而至，在该车上市后的一年，即 1954 年，“蜘蛛”又成了双座汽车家族中的一员，另外，还加入了“斯皮瑞特·韦洛斯”（Sprint Veloce）的 80 马力作为推力。

受斯皮瑞特魅力的吸引，意大利车身设计名门经过一番大胆的创新，使得朱列塔别具一番风情，并且相继打造出了名为“布雷托”（Bertone）的双座 SS 车型，其周身呈水滴状，而且，由于车身的特殊材质，使得它的时速最高可达 200 公里。而另外一款车型扎卡托 SZ(Zagato SZ)，也以其车顶的双凸纹闻名于世。这些车辆于 1965 年停产，它们的位置被“吉利亚”（Giulia）车型取代。

阿斯顿·马丁 ▶DB4／ DB4 GT ｜ 我是传奇

在取得一系列成功之后，阿斯顿·马丁在 1958 年出品了 DB4，该车在接下来的 50 年内一直经久不衰，从而铸造了一代传奇。该款车型开启了著名的 6 气缸汽车的纪元，它是大卫·布朗的钟情之作，并以他名字的首字母命名。尽管该车的机械制作出自英国人塔戴克·马雷克之手，但其车身却采用了意大利设计品牌托林的设计，这就将英国的优雅与意大利的力量完美地结合 ——美型且耐用。DB4 在 1959 年的勒芒 24 小时拉力赛中，与众多汽车品牌展开了激烈的比拼，最终脱颖而出，从而完美地诠释了这款出品于纽波特·帕格内尔（Newport Pagnell）的汽车的独特风格。

激烈的竞争导致企业产生一系列经济难题。于是，该品牌做出了着重于开发“大型旅游”(Grand Tourisme）系列产品的方向性调整，较为经济的办法便是改造 DB4。于是，1959 年 DB4 GT 诞生了。除了一个可推进到 240 至 302 马力的动力装置外，GT 还接受了压缩底盘和托林旗下的“超轻雷格拉”(Superleggera）车身的双重改造。DB4 GT 在斯特林·莫斯、罗伊·萨尔瓦多、吉姆·克拉克以及众多驾驶员手中展现了其良好的性能，但是却仍不足以与法拉利 250 GT 单挑。詹尼·扎卡托毛遂自荐并不遗余力地将汽车变得更加轻巧，他的做法就是使用更为轻巧的车身并配以令人难忘的外形设计。新出炉的 19 辆汽车尽管价格不菲，但一上市便找到了买家。然而尽管如此，扎卡托和阿斯顿·马丁的此次合作还是收效甚微。要知道，法拉利无懈可击的 SWB，再加上其卓越不凡的 250 GTO 在当时可谓是所向披靡……阿斯顿不得不承认技不如人，但值得一提的是，DB4 和同系列产品的后代，也就是詹姆斯·邦德在电影里驾驶的 DB5，使得这个英国公司在汽车制造的历史上写下了厚重的一笔。

1958 年，英国 GT 汽车和阿斯顿·马丁的 DB4 相结合（如下图）。为赛车而打造的 DB4 GT 扎卡托（Zagato）（如上图）更是 GT 款式中无可比拟的作品。

皇家阿斯顿

与法拉利和保时捷拥有着相同命运的阿斯顿·马丁也是汽车领域万神庙中的一员。在经历了20世纪80年代艰苦的挣扎后，粉丝对于这一品牌的希望在福特完成对其收购之后重新被点燃。在收购之后，福特将发扬光大这一车型的任务交给了纽波特·帕格内尔。1993年，DB7问世，获得了巨大成功。但真正的赢家是十年后出现的DB9。该车的外形酷似其前辈，实际上，这一款全新的车型已经脱胎换骨。设计者为它配备了前所未有的镀铝护板，其车头的风格是强势与优雅并存，标志性的特点还有阿斯顿典型的宪兵帽式散热器护栏。

继DB7后，DB9的出现标志着阿斯顿·马丁的重生，这里我们所见到的是它的衍生产品DBS，就连詹姆斯·邦德本人也对它大为赞赏！

车身内里的制作严格遵守了质量条款并且是纯手工打造，阿斯顿·马丁就是以此作为特色与卖点。在很长一段时间内，V8引擎都是英国汽车业所特有的，而这里更是运用了超级V12的引擎，它拥有450马力，从而使得DB9在1700公里车程中的表现异常优秀。DB9系列可折叠顶篷式汽车很快又加入了双座小汽车这一新成员，它既保持了原先良好的性能，又具有充满诱惑力的价格。成功如约而至，这无疑是对其永久性竞争对手意大利人和德国人的一个挑战。可以说，当时福特收购阿斯顿这一步走得非常成功。詹姆斯·邦德在电影《皇家赌场》中第一次使用了这辆车，从未有过的风驰电掣的感觉就是由这辆拥有517马力、最高时速可达320公里的魔幻般的DBS所带来的。此后，福特把阿斯顿·马丁转手给了普罗朱辅（Prodrive）大财团的董事长大卫·理查兹，后者也是赛车领域的专家。从此，阿斯顿·马丁与其拥有者一起走上了大放异彩的道路。

该车由莫里斯和弗兰克·埃卡尔特创造于 1900 年。在加入高德（Cord）集团之前，奥本于 1919 年被一些投资者重新购得，他们制造出以其拥有者迪森贝格名字命名的车型。1934 年末，戈登·比林设计出了高速 851，他给予这个“美国丽人”从未有过的美感。长形引擎盖，V 字形的后倾挡风玻璃，以及绝妙的船尾般的汽车后座设计，使得新奥本展现出一股摩登气息和罕见的高贵气质。这辆车带来的惊喜还包括加铬的排气管管头，以及在一边车门上有可放置高尔夫用具的空格！

作为明星车型，奥本 851 也是冲劲十足的野兽派，1935 年对它所做的一系列测试记录就能证明这一点。但这一切都在 1937 年随着奥本的消失而遗失殆尽。

电影爱好者大概还能回忆起在 1936 年拍摄的《欲望》这部影片中该车的身影。当时迷人的玛琳娜·黛德丽佯装她的奥本车出现了故障，意图吸引加里·库伯。这辆快车中最先映入眼帘的是其修长及低矮的车身，给人一种纯粹的运动感。从未被超越的纪录是在 1935 年，该车保持 12 小时内以平均时速 160 公里稳定行驶。更值得一提的是，它由女性驾驶员驾驶，采用由压缩机牵引的莱康明 4.59 升引擎。事实上，由于安装了两个减速装置，它的三厢变速箱已然转化成了六厢变速箱。

然而，尽管价格十分诱人，851 却并未让消费者十分满意，一些人甚至认为：作为一辆有品位的车，其定价实在太低；而另一些客户也不太喜欢这种外形十分张扬的车型……就如同天鹅最后的挽歌，本想重振该品牌的高德集团，也在两年之后任由它消失在历史的洪流中。

四环的证明

有些汽车经历了一些十分微妙的变革，奥迪卡托（Quattro）就是其中之一。自 1980 年末问世以来，卡托就在竞争中占有一席之地。奥迪品牌的车型一直都运行良好，但就是缺少一款明星车型。拉力赛可谓是汽车交流的胜地，但奥迪并不想以横冲直撞的野蛮速度取胜，而是更侧重于科技的创新。其首席工程师在奥迪 80 的基础上加以改造，将该款车向四驱车转型，从而造就了纯粹而有力的越野汽车的典范。

这辆新型德国车在 1981 年被承认合格，尽管被强加了一些量规，但该车还是很快证明了其魅力，尤其是它在打滑路面上优异的表现。因戈尔施塔特（Ingolstadt）公司因其在技术创新上作出了努

这是一款车头饰有四环的运动车型。按照这个模本，奥迪开始打造其经典车型。技术上的赌注使它赢得了商业和体育上的双重胜利。

力，于是很快在 1982 年赢得了世界级的创新头衔。自此本着在路上的优良和稳定表现，该车型销量大好。这时奥迪 4×4 已成为“旅游”和“长途旅游”系列产品中的翘楚。为了进一步竞争的需要，奥迪在 1984 年重拾卡托运动系列，把注意力转移到卡托 S1(Quattro S1) 的制造上来，与原型相比，该款相当于一个简约版。它是一辆如同野兽的B组赛车，由五个气缸推动其涡轮，从而达到 500 马力！

一直以来，标志和蓝旗亚的赛车竞争可谓激烈至极，在众多目瞪口呆观众的注视下，奥迪 B 组赛车的引擎轰鸣着，仿佛就要燃烧起来，这带给观众的是一种半失控的恐怖竞争画面。如此过激的比赛使得奥迪停止了对速度狂热追求的脚步，奥迪双座小车的活力一直延续到 1991 年，最终，让位于四环品牌中的卡托传统车型。

奥斯汀–希利 ►3000 | 英国人的运动车型

在几个月之内，英国汽车合作股份公司即奥斯汀的老板伦纳德 · 罗德就已熟知希利这个公司。与该公司的接洽分两次展开，其中第一次是签署提供车辆的合同，以便唐纳德 · 希利和其团队绘制出新车型。1952 年在伦敦举行的“伯爵”汽车展会的展馆中，罗德第一次见到希利 100 就被它深深地吸引。这是一种 2+2 式的车型样式，车尾采用了快艇尾部舵手座的样式，以配合整个长形引擎盖的设计。于是，这个英国人很快说服了希利，让他帮助其完成最新产品的车身设计工作。并非纯手工制作的流程，使得 BMC 公司的生产速度和希利工作室的进度能够完全分开，奥斯汀 – 希利从而在生产和销售中获得了双赢。

手工艺者希利和汽车制造者奥斯汀合作的产品就是 1952 年诞生的超级奥斯汀 – 希利 100（如左图），它后来逐步演变为拥有 3 升 6 气缸的奥斯汀 – 希利 3000（如下图）。

BMC 的老板早就预见了这些尚未发布的车型在美国市场上即将获得成功，果然，双座敞篷汽车总数的 80% 都由他们包揽。与特赖姆夫(Triumph)、MG 以及其他品牌一样，奥斯汀 – 希利经历了英国运动车型的黄金年代。随着胜利的到来，该运动车型也在向拥有更大顾客群的方向做转变。1956 年，也就是 1959 年的希利 3000 问世之前，6 气缸代替了原先的 4 气缸。后来，并排的 6 气缸又被 2.9 升所取代，将希利发展到 150 马力的顶峰，此时的车型是 1968 年生产的 MK3，其最高时速可达 193 公里。坐在汽车里，除了皮质座椅和喷漆木质结构带来的惬意享受外，无论冬夏，乘客所体验的都是汽车一贯保持的良好性能 ——温和快速、行驶稳定且低能耗。

迷你新星

在苏伊士受到石油危机的波及后，BMC 为了解决油耗问题，生产出了由亚力克·伊西高尼斯操刀设计的超级迷你车型。

苏伊士运河及其周边设施突然实行了国有化，随后 40 多个船舶停靠点也被取缔，这些都是埃及总统贾迈勒－阿卜杜·纳赛尔上台后向世界传达的强有力信息。紧接着，他极大地干扰了向欧洲输送石油这一事宜，由此验证了他想独占“黑色黄金”的企图。受到这一国际紧张局势深重影响的首当其冲的便是英国、法国和以色列，谨慎裁决以及节省油耗的时代来临了。在这种背景下，亚力克·伊西高尼斯于 1955 年重返 BMC，在此之前，他加入莫里斯集团已经 3 年了。这位原希腊裔的英国工程师，在这一时期的任务便是设计出适合在城市里驾驶的低油耗迷你车型。于是，他借鉴了当年取得巨大成功的奥斯汀 7 和战前的莫里斯迷你这两部车型的特色。出于资金方面的考虑，设计者必须尽最大可能地使用莫里斯和奥斯汀车身原有的零件。于是，伊西高尼斯构思了一辆三米长且乘客和行李可占用全车 80% 容积的汽车。为此，在这一领域经验十分老到的他将车头横向的引擎改为拉力式的，以避免汽车后桥过于臃肿的局面，车轮的间距也尽可能地打开，并配备了独立的悬挂减震装置。这辆车被打造得轻便而实用，但是，设计师伊西高尼斯原本并没有考虑到成品会与别的车辆在外观上十分相似。于是，BMC 的董事长立即求助于著名的汽车车身设计公司宾尼法利纳，但后者却建议完整地保留伊西高尼斯的设计。

由于经费问题，在经过一年的构思之后，该迷你车于 1958 年开始上路进行测试，原先既定安放的气缸数量被减少了，轻便的车身及高灵活度使得该车的最高时速达到了 150 公里。1959 年 8 月末，该车相继以“莫里斯迷你”和“奥斯汀迷你”两个名字命名，并开始正式销售，其实，

尽管身形小巧，但在约翰·库伯魔术般的改造下，迷你“库伯”（Cooper）两度夺得蒙特卡洛拉力赛的冠军。

两者的区别只在于个别细节上的不同。由于组装费用降低，该车的价格也不贵，迷你不久之后便在汽车市场上站稳了脚跟。其实，对于那些收入不高的人群，它仍然属于偏贵的车型，而对于有钱人来说，它又显得有点寒酸。但是，该车本身独特的设计以及所采用的创新技术都足以激起人们的好奇心。可以说，它是一款十分现代化的车型。

迷你车型在 1961 年的迷你“库伯”诞生之后开始大行其道，经过约翰·库伯的改装，并使用了 3.05 米驱动轴，这辆小车呈现了令人眩目的优异性能，其引擎、刹车都极具灵活性。在经过第一轮的汽车性能比拼后，伊西高尼斯和库伯又将气缸换成了 70 马力的 1.07 升，使该车的最高时速达到了 160 公里。改造后的“库伯”S 在赢得 1965 年和 1967 年的蒙特卡洛拉力赛后，更加奠定了其不可动摇的女皇地位。从此，该车有了诸多的衍生版本，其中包括著名的木质架构的“乡村人”（Countryman）、“墨客”（Moke）越野敞篷式汽车等。迷你在 2000 年末的销量达到 530 万辆之多，现在这个车型已被宝马收购。从此，传奇般的英国“娇小美人”让位于她的后代：在 2000 年的巴黎车展上，被展出的新一代迷你车继承了其前辈的优良基因，历史将又被重演了！

团结就是力量

从 1928 年起，奥迪、小奇迹、霍希以及漫游者四个品牌在经历了一系列合并重组之后，一个新的股份制汽车集团公司于 1932 年正式成立。该公司所使用的标志就是互相穿插交错的四个圆圈，以代表四个不同品牌的互相融合以及不断壮大。其中小奇迹和漫游者的任务是生产出大众普及性的车辆，而奥迪和霍希则负责生产豪华车辆。

竞争仍旧是在公众视野中提高品牌知名度的最好方法。作为漫游者的前研究员，工程师费迪南德·保时捷负责赛车的研发工作。保时捷拥有独立的工作室，其任务就是研发出最轻最小的赛车。然而，他和他的同行们遇到了资金短缺的问题，好在当时的纳粹政府领导人阿道夫·希特勒作为出资人之一进行了赞助，就如同梅赛德斯－奔驰一样，用于赛车研究的充足经费最终带动了德国工业和技术的进步。

联合公司的 A、B 和 C 型车的 16 个

在对轮胎加以改造并将引擎置于车身后部之后，这一款（如上图）由设计师费迪南德·保时捷设计的联合汽车公司的车型，在各项比赛中屡获殊荣。其升级版如下图所示，正是由努沃拉里驾驶的 D 型车。

马力十足的气缸都安装在了汽车后座，这在当时可说是前所未有的尝试，在和梅赛德斯一争高下的重重考验中，它们都以出色的表现给人留下了深刻的印象。1934 年联合汽车公司坐上了霸主宝座，两个德国品牌的竞争就此结束。1938 年问世的 D 型车在遵守各项安全准则的同时又配备了一个 3 升的 V12 引擎，其威力达到惊人的 480 马力。这一车型包揽了四项大奖，其中就包括 1939 年由塔齐奥·努沃拉里担任驾驶员的南斯拉夫拉力赛冠军，这是在二战前举行的最后一次著名的汽车拉力赛。战争结束后，俄国人将联合汽车公司收入囊中。20 世纪 90 年代，这款车又奇迹般地迎来了发展的新黎明。

陆上宾利 R 型车是空气动力学方面的研究产物。该车能够带给人们不一样的驾驶感觉，从而成为 1952 年售价最高的一款车型。

1919 年由沃尔特·欧文·宾利创办的宾利汽车有限公司应向劳斯莱斯致敬，因为后者给予了它对力量和速度无限的遐想，并使其在勒芒 24 小时拉力赛中屡获大奖。1931 年劳斯莱斯将宾利公司收购。相较于自身奢华浮夸的特色，劳斯莱斯从此走上了将宾利实用稳定的性能发扬光大的道路。

正是在这一理念的指导下，陆上宾利 R 型车问世，这一款车型针对的是悠闲而追求高速的消费群体。作为宾利长期研究鼓风机而取得的成果，该款车在保证车身流线型的基础上获得了稳定的高速。参与该车设计的工艺美术家约翰·布拉切尼经过巧妙构思，减小了散热器的尺寸并加大了挡风玻璃的倾斜力度。专攻重量问题的技术员也参与到图纸的设计中来，车身设计师米利纳采用的是铝质钢皮外壳，而挡风玻璃和其他车窗外框选用的则是轻质合金材料。

该款车于 1952 年末在巴黎和伦敦展出，其独一无二的双开门设计以及艉形的后倾式设计使其一出场便引起轰动。装载了 4 个威力巨大的 4.9 升气缸的 R 型车仿佛一条在陆地上飞行的魔毯，并且，为了拥有无比光滑的车身，其周身都被涂抹上了树胶。这辆车不仅解决了一直以来车头灯被雾气困扰的难题，而且最高时速可达 190 公里，但坐在前面的驾驶员只会听到轻微的轰鸣声！ R 型车的出现标志着这款宾利成为当时世界上最昂贵的汽车。作为身份地位的象征，并兼具如梭般的车身，该车在当时就吸引了 208 位买主。

先锋的时代

19 世纪末无疑是汽车先锋者开拓创新的时代。无论是以蒸汽、电力还是石油作为能源，大家都摩拳擦掌，跃跃欲试。每个人都花费大把的时间进行研究，坚持着同一个理想，那就是将马力拉车改成机械汽车。最后，德国人卡尔·本茨，在圣·西尔维斯特城风和日丽的一天，第一次实现了三轮驱动车的梦想并将它申请为专利，他证明了石油才是最好的能源。最终，石油被广泛使用于机车。

引擎很快用在了自行车和敞篷四轮马车上，这一机械的运用被公认为汽车领域向前发展迈进的第一步，自此汽车开始走上商业化和工业化发展的道路。本茨家族对这一发明引以为傲，尤其是卡尔的儿子们已经学会驾驭这些奇怪的机车。当时奔驰车内的 1.0 升容量气缸每行驶 12 公里就需要加水，其方向盘支撑在一根细柄之上，轮胎代替了以前的木质或钢制车轮，其线状车轴的三轮机动车外形标志着汽车

尽管后来两家公司合并了，但卡尔·本茨本人和戴姆勒却从未碰过面。在19世纪80年代中叶，两人都是名副其实的汽车工业之父，两人大名至今仍如雷贯耳。

纪元的开始。

但好奇过后，如何解决民众面对新事物态度迟疑的问题以及与戴姆勒的竞争开始升级是当时奔驰家族面临的处境，后者会不会也在四轮敞篷马车中安装这样的驱动设备呢？就在卡尔·本茨濒临破产的时候，他的妻子贝瑞塔·本茨女士主动采取了措施：在卡尔不知情的情况下，她和两个儿子在 1888 年 8 月一个晴朗的早晨，驾驶着由三轮机车改造的四轮机车行驶在马路上。从曼海姆到普福尔茨海姆一共有 90 公里的距离，当天他们成功地行驶完全程，而且途中没有发生任何横生的事故。虽然路面呈斜面坡状，但因为之前路面已被清空，所以仅靠 1.7 升的单缸发动机，他们也顺利地完成了任务。接着，本茨女士以电报的形式向她的丈夫汇报了这一喜讯。当时这位女士的行为成了大街小巷人们的谈资，同时这也是当年最好的汽车广告之一，广而告之的是该车的可信度以及驾驭的可行性。汽车的历史正被书写！标志性的事件莫过于 1926 年戴姆勒和奔驰的合并，这两个品牌合二为一，拥有了一个新的名字，即梅赛德斯。

130

二战之后不久，宝马开始慢慢重拾汽车生产业，并旨在通过生产美国人所喜爱的欧式运动车型来获得收益。马克斯·霍夫曼将宝马引进美国，同时带去的还有设计师阿尔布雷希特·高尔茨的惊艳之作——宝马 507 高尔茨。后者作为定居在美国的德国贵族，是制冷剂和电视机外壳方面的专家，尽管这个身份说起来有些寒碜，但这丝毫不影响他构思出来的这辆车的绝世之美。

同时，在大西洋另一端的德国，宝马车配备了 3.2 升 V8 引擎，同时还生产出了双座车和敞篷小汽车，用以完善 507 车型。相比力量而言，这辆车更讲究柔韧与灵活，要知道德国制造的引擎并不是为了迎合运动型车辆。由此 507 遭遇了严峻的挑战和竞争，其对手包括梅赛德斯 300SL 和捷豹 XK140，后者虽然没有经过岁月的沉淀，但从性价比和外观上来说都是无可挑剔的。

全铝车身的这款 507 汽车造价不菲，因而卖价也跟着成了天文数字，尽管有着出色的设计和毫无缺陷的制造工艺，但与其价格不匹配的是它的平庸表现。507 的成功只体现在最初的时候——1956 年至 1960 年于慕尼黑出厂的 252 辆车都找到了买主。虽然其创造初衷是为了重振宝马，但是这一举措实际上让公司损失惨重。

阿尔布雷希特·高尔茨创作的极具美感的车型并未取得预期的成功，原因就在于其过高的定价。

M的荣誉

在日益激烈的赛车竞争中，宝马在1978年推出利器M1。该车性能良好且耐力持久，但令人费解的是这辆车并没有在竞赛中取得优异的成绩，却成了一件十分有名的收藏品。

M1 是宝马为巴伐利亚量身定做的第一辆用于参赛的汽车，其三色“运动马达”(Motorsport) 也证实了这个功能，这也是宝马第一次纯粹为了汽车赛而制造汽车。后来诞生的 3.0 CSL 双座车是此车型的衍生物。这次宝马考虑的是在长距离耐力赛中击败其竞争对手保时捷，而且，在被承认合格之前这款车也只是进行小批量生产。1976 年该车第一次现身，从此便成了各大国际品牌竞相与之合作的典范。其车身的设计归功于法国工业艺术家保罗・布拉克对车身线条的不懈研究。该车最终在都灵的朱焦诺意大利设计研究工作室完成，其中兰博基尼也参加了最初的建造。该车内部机械采用的自然是宝马自家生产的 6 个改良版 3.5 升气缸，并且还对汽缸盖和气门进行了一系列改造。

宝马在竞争中也碰到了一些难题，故而这一车型直到 1978 年末才面世。当时生产的 456 辆样车立马被抢购一空。这时 M1 已开始朝运动车型发展，他们的车被命名为普罗卡 (Procar) 系列，并在一级方程式上闪亮登场，而且由当时顶级的驾驶员驾驭，他们分别是拉菲特、维尔纳夫、皮罗尼、谢克特、雷乌特曼、琼斯以及皮盖。尽管竞赛全程十分激烈，但这款车的车身竟未受丝毫损伤……这次竞赛无疑是给 M1 做了一次最好的广告，并使宝马因此追加生产了 50 辆同款赛车。这款车于 1981 年停产，现在它已成为最有名的收藏品之一。

布加迪 ►35号 | 赛车场上的皇后

埃托雷·布加迪出身于意大利的一个艺术世家，他颇具绘画功底，但同时也对机械怀有莫大的热情。在经历数次创业之后，1909 年他在阿尔萨斯的莫尔塞姆创立了自己的品牌。他的 13 号车型以及后来作为标致雏形的车型都标志着法国汽车制造业开始真正向前迈步。1924 年 7 月，被汽车比赛所吸引的布加迪决定大干一场，他旗下五辆光彩夺目的白色单座赛车出现在了里昂的赛车现场。在众人惊愕的目光中，布加迪 35 号开始了它的赛车生涯。这辆新车的外形是引人瞩目的马蹄铁状，尽显精致和纯粹。在引擎盖的下面，与其说呈线状排列的 8 个气缸是无穷的力量呈现，还不如说它们是精

超级赛车抑或是马路英雄？布加迪 35 号两者兼备。这辆获得无数荣耀的传奇车为布加迪的发展作出了卓越的贡献。

致的艺术品。虽然布加迪事先对他的 35 号车进行了仔细的检查，然而第一次亮相却很快以 35 号的打道回府而告终，原因是它的轮胎出现了问题。但这没有造成什么不良影响，除了自身永不褪色的美丽，35 号车凭借其在赛场上超过 2000 次的胜利纪录书写了传奇！ 20 世纪 20 年代末，该车配备了鲁式压缩机，其引擎最高马力可达到 135 匹。

另外，让人惊讶的还有该车骄人的商业成绩：390 辆的成交量。这个数字对于一款初衷仅是作为赛车而造的车辆来说是十分惊人的。同时，该车也能够很好地走亲民路线。虽然这款车型是按照运动车型的理念生产的，但其前车灯和挡风玻璃采用的独特设计还是能够让所有驾驶者拥有更好的视觉感受。

布加迪 ►57号 | 汽车王子让的杰作

埃托雷的儿子让－布加迪出生于 1909 年，他很早便在汽车领域占有了一席之地。尽管之前有一些借鉴的痕迹，但之后于 1932 年问世的布加迪 57 号却是由他独自操刀设计的。既要顾全品牌一贯的形象，又要保持该款车型完美的表现能力，这确实是一项挑战。但生产高级车就是为了让精英顾客在开车的时候享受到无比的舒适。

让－布加迪在独立完成制作布加迪 57 号时表现出了十足的天赋。他在车子的老式底盘上装载了 8 个 3.3 升双凸轮轴，顶端安装了一个直接与变速箱连接的气缸。而他设计的独立悬挂减震装置却被他的父亲否决了，后者认为加入前轴的设计才是妥当的。设计车身功底一流的让－布加迪设计了好几种车辆底盘款式，其中包括“加利别”(Galibier)小轿车、“凡度”(Ventoux)教练车，以及亚特兰特和亚特兰迪克两款无与伦比的双座小轿车。1933 年末布加迪 57 号与公众见面了，1936 年又诞生了 57C，后者装配的压缩机使得该车的时速达到了 185 公里。接下来诞生的是 57S，这是一款车身极低的车型，属于其前辈的缩减版。然后出厂的是装配了相同压缩机的 SC。命名为“坦克”的 57G 于 1937 年和 1939 年两次在勒芒 24 小时拉力赛中夺冠。让－布加迪赢了，当时他的 57 号是布加迪有史以来销量最好的一款车型。然而作为工程师，同时也是试驾员的让却在一次距离莫尔塞姆仅数

让－布加迪是一名顶级车身设计师，由他操刀的靓车总是有着十分炫目的外形。布加迪57号问世后不久，就以其管风琴的外表吸引了大众的眼球。

公里的试驾中丧生。儿子去世加上工厂在战争中被破坏，老布加迪在双重打击下于1947年辞世。不久之后，这一无可比拟的高贵品牌也消失在了历史长河之中。

埃托雷的梦想

非凡且无可超越的布加迪41号在其创造者埃托雷·布加迪眼中是品牌精髓的展现，该车书写了汽车史上的传奇。

1913年，年轻的汽车设计者埃托雷·布加迪决定设计一款无与伦比的汽车。这个想法到了1926年的时候逐渐成形。那时还是劳斯莱斯的丰收年，但年轻的布加迪就这样不声不响地完善，直到有一天一鸣惊人。这样超凡绝世的汽车，大概只有国王和王子才能拥有。正是本着这样的设计理念，一款超乎寻常的汽车诞生了，其长度超过6米且重达3吨，只有直径一米的轮胎才能承受得住车身的重量。该车散热器的上方装饰着由埃托雷的兄弟伦勃朗·布加迪雕塑而成的著名人立像标志。在这辆身为41号的皇家布加迪的巨型引擎盖下，装载的配置首先是14.7升的8个气缸，然后是一个12.7升的推进器，这样才能够与整辆车的尺寸相匹配。为了使该车能够稳定地行驶，车内使用的是布加迪专门为法国铁路公司所生产的浇铸内燃机车。尽管整辆车尽显精英气质，但这辆高贵的车也能够走亲民路线，成千上万的民众也曾体验过此车！

自问世以来，皇家布加迪就是一个传奇，甚至是谜一般的存在。其独特的制造工艺以及合理的价格，使得莫尔塞姆瞬间成了高档车的生产地。抛开上面的一系列

数据，皇家布加迪也拥有诸多谜团，例如到底生产了多少辆样车，是6辆还是7辆？以及装配这样一辆汽车的外壳，需要用到的材料难以计数，但它却仍然保持了优雅性，这又是如何做到的？其实为了使这辆车的稀有买家获得最高的满意度，让－布加迪、宾德尔、魏因贝格、科尔纳还有派克·沃德都曾倾尽全力尽量减少该车的缺陷。这款皇家布加迪卖价惊人，它是专门为世上的富豪准备的。只有时装设计师艾斯德斯、医生福斯特和农业食品工业专家富克斯这几位先生下了订单。在1928年巴黎车展中展出的皇家布加迪的售价高达697000法郎，而当时一个教员的月工资还不到1000法郎……

后来，皇家布加迪逐渐退出了历史舞台，布加迪家族又创造出一些神话般的款式，如在1930年一次事故中被毁的“韦曼”(Weyman)双门轿式汽车，这辆车是让－布加迪按照原图重新翻修还是重新安装了底盘就不得而知了。还有，四座的敞篷车“温伯格”(Weinberger)，在美国被发现时已面目全非，后来被复原。现今存世的6辆皇家布加迪是在不同时期被收集到的，它们早已成为莫尔塞姆的拥簇者们追忆美好年代的珍藏品。

埃托雷的遗产

大众－奥迪的掌门人费迪兰德·皮希在收购布加迪这一品牌的时候是怎么想的？或者，只是单纯地向其创始人埃托雷·布加迪致敬？总之，这位德国集团的老板开始不遗余力地打造这一品牌。过去的布加迪全力以赴追求速度或形象，如今的布加迪威龙同样将这种风格保持下去。“威龙”其实是一位赛车手的姓氏，该车手曾在 1939 年勒芒 24 小时拉力赛赢得冠军。为了重获灵感，这辆车回到了该品牌的发源地——阿尔萨斯的莫尔塞姆打造，1956 年该车也终结于此，当然这是后话。其实，皮希对这辆车的期许十分简单，他希望这辆全新款式的布加迪能够拥有这一品牌前所未有的表现，所以便以最好的配备加之于该车。但是，当时大众的资金并不足以达到这个要求，所以布加迪威龙的构建者，可以说是从一张白纸开始慢慢地打造这颗汽车界的新星。直到 2006 年，第一批布加迪威龙才正式与观众见面。该车装配了 W16 的 8 升四涡轮增压机，这使得该车性能猛升，被比喻成阿尔萨斯火箭，其时速可达 407 公里。从 0 加速到时速 100 公里只需 2.8 秒，加速到时速 200 公里只需 7.3 秒，而破纪录的表现是加速到时速 300 公里也只需 16 秒。值得一提的是，加速到时速 370 公里的时候，需要第二把车匙才能达到布加迪第二段速度，也就是时速 400 公里！有着这样备受争议的高速，这款布加迪无疑是一个基因突变的异种。由于装配了液压千斤顶，使得其底盘下压了 30 毫米，为了提升这辆 21 世纪布加迪新款车的车速，以前收起的双翼和尾翼此时也各就其位。该车预定产量为 300 辆，可以说，布加迪威龙既是设计和工业进步的集合体，也是传承布加迪精神的载体。

大众－奥迪坚守承诺，在收购了布加迪之后，这个德国集团所做的就是延续该品牌的阿尔萨斯风貌。他们研发的这款车被命名为“布加迪威龙”。

这辆别克"路面大师"可以说是结合了海上和空中两种机械工艺的产物，并在20世纪50年代风靡一时。这个独具魅力的美国品牌还推出了一款大型车V8，其马力可达300匹。

别克品牌生产的车辆一般都是适合中产阶级的奢华款式，这样才符合其顾客的身份。作为别克的代表作，"路面大师"没有让大家失望。这款独立于世的车型的卖点就是它的超大容积，在它的巨大引擎盖下，是别克V8"火球"(Fireball)款所使用的发动机，其功率在1957年达到了300马力。

二战之后，迫于竞争的压力，通用汽车公司必须给产品注入新的活力。"路面之星"(Roadmstar)应运而生，无论是这一型号的四门轿车和敞篷车，还是里维埃拉(Riviera)款型的无支柱硬顶小轿车都取得了很大的成功。在最初生产的一批流线型车型之后，"路面大师"逐步成了空气动力学的创新产物，并在20世纪50年代掀起一阵热潮。别克车的工艺美学无时无刻不在展示着一种属于战斗机的机械美。这些细节体现在类似机身的防弹车身、驾驶舱的玻璃天棚、车身后配有的翼状装置，以及车身特备的如涡轮机外观般的车轮罩。它的保险杠是镀铬材质且尺寸惊人；两个大型车挡和后部的排气装置以及汽油入口装置是连在一起的。汽车爱好者还能在"路面大师"身上发现四个叶脉一样的振翼调节器，这也是该车的亮点之一。而对于驾驶员来说，相比欧洲弯弯曲曲的公路，他们更倾向于在美国宽阔笔直的马路上飞驰，这样才能体会到这一美国车飞驰般的感觉！然而，消费者却觉得这样的车型太过浮夸，并期待该车型能有更为保守的后续产品出现。因此，这款"路面大师"最终于1958年，消失在别克品牌的生产单上。

一个美国梦

凯迪拉克是首位构建了自己的造型设计办公室的汽车建造师。除谨遵“我们的信条就是完美，我们的规则就是精确”这一信条外，我们可以再加上一条，那就是在 20 世纪 50 年代，凯迪拉克在美国还是“力量和富足”的代名词。埃尔多拉多车型在 1953 年问世，最初产量极少，价格奇贵，仅一年之后，该车就以半价销售。从此这辆象征经济和社会地位的车型在“山姆大叔”的国度里成了香饽饽。

埃尔多拉多每年都会进行无与伦比的技术改进和外形创新，因此它也成了象征美国王者的不二选择。设计师哈利·厄尔的设计从不会美得过分或者华而不实，它的美从未被超越，并且总是能达到美的临界值。每年它的车身都会进一步增大，而且犹如机翼的外形，以及安装在减震器和尾喷管上方纺锤状的车灯都增添了它的气势，使得这辆车更像是航空领域的产物。该公司研究所的研究员们

这款凯迪拉克－埃尔多拉多展现的是一个具有征服力量且纯粹的美国形象。这款极致的车型是玛丽莲·梦露和猫王最钟爱的，尽管车身重达 2200 公斤，长达 6.1 米，其最高时速仍然可以达到 187 公里

竭尽全力使这艘长达 6.1 米的“飞船”更贴近地面，安装在引擎盖下的是一个“如同德克萨斯般大”的 35 升巨型 V8 碳氢燃料发动机，因此，该车一气跑下 100 公里简直不费吹灰之力！

所有这些惊人的数据在 1959 年看来都是难以实现的，当时埃尔多拉多作为美国的顶尖车型，其价格也高昂到令人咋舌的程度。由于与欧洲民众的审美观相去甚远，它在历史上的地位应当说是只属于美国人的一篇荣耀史。但是，其车内的顶级配置即使放在 20 世纪 90 年代，也能让其他类型的汽车黯然失色，它每件镀铬零件的细节无不提醒着人们：这是工艺美学的一件旷世杰作。

奢华、危机和快感

在配备成套的两个V8型气缸之后，凯迪拉克V16问世了，它的问世可以说是在1929年经济大萧条低迷状态下的精彩一搏。

凯迪拉克，一个来源于法国西南部的姓氏，取自安东尼·德拉莫德·凯迪拉克，此人于1701年来到美洲。由于他出身贵族家庭并且是路易十四骑兵团的成员，其姓氏和家族徽章被浴火重生的底特律汽车公司的领导加以使用，此时该公司的总工程师是亨利·福特，享有盛名的他后来加入了别克的团队。最终建于底特律的通用汽车公司，其前身分别是奥兹莫比尔和奥克兰，而底特律这座城市正是由凯迪拉克本人于两个世纪之前建立的。

1930年，经济危机重创了美国市场，同年凯迪拉克推出了装配V16引擎的452号车型，这也是通用旗下的豪华车型。当时正值市场低迷，首次配备了成套 16 气缸的该款车出现得略显尴尬。但这辆车紧扣消费者的心弦，旗开得胜，占据了豪华车型的市场。该车凭借无可比拟的优势，以其 7.4 升的 V16 气缸可达到 165 马力的傲人姿态打败了那些配备了 8 至 12 个气缸的汽车生产商。它的液压阀门也使得该车运行时能够保持前所未有的静音。就像同时代的所有豪华车型一样，为了装配这全身重达 2750 公斤的庞然大物，设计师们留下了大量草图。

获得巨大成功的凯迪拉克在第一年就取得了 2800 份订单的好成绩，然而之后订单量骤减。1940 年，这辆超级 V16 的总产量为 4386 辆。

就在英国的汽车制造商声称要制造和美国风格完全不同的运动车型时，美国通用汽车公司将目光转向了新车型雪佛兰科尔维特的研发。1951 年，在通用老派设计师哈利 · 厄尔的指导下，年轻的设计师鲍伯 · 麦克莱恩开始构思这辆双座车的雏形。科尔维特的外壳创造性地使用了玻璃纤维，而机械牵引方面依靠的则是 6 台“蓝色火焰”3.85 升气缸。1953 年 GM 的汽车展会上，科尔维特第一次出现在公众的视野之中。

尽管外形漂亮，但它的路上性能却相形见绌，并没有体现出该车作为运动车型的特点。于是在佐拉 · 阿库斯 · 邓特福的指导下，有了第二次对汽车

雪佛兰科尔维特的型号经历了6代变迁，这是当之无愧的美国第一运动车型，也是唯一一个数十年间作为欧洲劲敌存在的品牌。

构造的修改。悬挂减震装置得到了改良，并且在去掉车后翼以及前部如下颚般的两个光学玻璃后，汽车的时速得到提升。在第一次修改时，科尔维特就被建议使用V8发动机，选择第二次款发动机的原因在于这些年它的马力提升迅猛。这一改装过后，该车型在1962年销量大增，一共卖出14000辆。这样的改动也逐渐证明：美国运动车型已成为全球的参考标准，且可以毫不费力地和欧洲任意品牌匹敌。

但阿库斯・邓特福觉得这些还不够，想要走得更远的他对科尔维特进行了第三次改良，从而得到了更为迅猛的“黄貂鱼”（Sting Ray）概念车。这款由比尔・米切尔设计的车型完全不同于它的前两任。该车更具棱角，速度也得到了进一步提高，犹如鲨鱼。不同以往的外形，加上精简的底盘以及下移的重心，都使得该款车的运动性能大大加强。科尔维特既有敞篷车型也有双座轿车车型，后者配有双车窗玻璃和车身后侧板。马力方面，科尔维特的爱好者会发现它拥有250匹的基础马力，一旦需要还能攀升至360匹。自1965年起，该车被安上了7升8气缸的超强装置，使得马力能够达到425匹！车两侧还装有可开闭的排气管，由此一辆自由驰骋毫无阻碍的汽车诞生了。

在不到十年的时间内，科尔维特就完成了从普通轿车到汽车传奇的华丽转身。如今的雪佛兰并没有走进发展的误区，他们没有将这款车向更加贵族化的方向打造，而是带着该款的第六代车型继续书写运动型汽车的传奇。

来自蝰蛇的一击

“先生们，踩下油门吧！”伴随着印第安纳波利斯 500 英里大奖赛的这句口号，33 辆马达轰鸣的汽车已经跃跃欲试，而带领这个美国品牌参加 1991 年比赛的人就是卡罗尔·谢尔比。当天，作为 AC 眼镜蛇之父，将汽车性能提升至极致的他毫无疑问是骄傲的。而这款参赛赛车是 AC 的后代，也就是运动型汽车克莱斯勒蝰蛇。

1989 年，概念车蝰蛇展示在公众面前，当时，它在美国市场采用的名称是“道奇”。这辆卓越的敞篷小汽车的幕后操手仍然是卡罗尔·谢尔比，克莱斯勒的董事长鲍勃·鲁兹一心想加强自己的品牌并给公司注入新活力。从 1968 年眼镜蛇退役后，雪佛兰科尔维特就成了美国运动车型中当之无愧的皇后，如今随着蝰蛇的推出，它终于不再独领风骚。这款出现于 1992 年，也就是科尔维特推出 30 年后的作品，保留了其前辈的某些元素。除了引擎盖下的大马力发动机外，另加的两个气缸使得该车配备了惊人的 8 升 V10 气缸。这是一款非凡的全铝敞篷双座车型，它并没有安装大马力发动机，但其功率可以达到 60 千克米，当时只有兰博基尼可以与之对抗。在路上，几乎不需要切换低档，因为这辆庞然大物哪怕在最低的转速下也速度惊人。其六档的时速可达到 130 公里，而此时发动机轮轴的转速仍然是相当低的……它的底盘采用的是和眼镜蛇一样的装备，所以它在乡村道路上的表现也十分优秀。

敞篷小车 RT/10 在 1996 年归入 GTS 双座车系列，并且在法国车队欧雷卡（Oreca）的帮助下，势不可挡地赢得了 GT 比赛的冠军。在 2000 年戴特纳 24 小时拉力赛中，该车同样获得了至高的荣誉。自此，该车与克莱斯勒蝰蛇一样，成为具有经久不变可靠性的典范车型。

AC眼镜蛇和克莱斯勒蝰蛇都是以毒蛇作为图腾的车型，这样的车型并不是人人都能设计出来的。这两款车型都要归功于卡罗尔·谢尔比，就是他，穷其一生只为追求极致。

光荣的人字形条纹

1934 年，濒临破产的雪铁龙推出了这款前轴驱动车型。在米其林的支持下，这个巴黎公司依靠这一车型打了一个漂亮的翻身仗，而该款车也占据其产品目录 23 年之久。

1934 年，在经济危机的背景之下雪铁龙也未能幸免地受到冲击。安德烈·雪铁龙做出了最后一搏，在宣布破产的 18 个月前推出了这一款经济且革新的前轴驱动车型。原雷诺的工作人员安德烈·勒菲弗负责这一车型的开发。作为前轴驱动系统的支持者，他轻而易举地说服了雪铁龙做好接受一切挑战的准备。尽管时间有限，这个年轻的设计者还是选择从头开始创造这款全新的车型。

雪铁龙前轴驱动车并不是第一款采用这种传动装置的车型，但却是当时唯一进行大批量生产的车型。这款车除去了连接后轮动力系统的传动装置轴，并且减轻了车身的重量以及降低了车辆的重心。以上还都不是这款新车型的最大优点，该车更大的特色在于它是第一款从悬挂减震装置到扭力杆再到液

压制动器都采用了单壳船系统的车型。该车的外形也同样新颖现代，例如取消了上车用的脚踏板，这在当时可谓是首次大胆的尝试！

但该款前轴驱动车推出时，其车厢内里却空空如也，乏善可陈，在米其林兄弟的支持下这一情况得以改善。后者不仅参与了设计，同时还给集团投入了大量的资金。所有的新生车型在发展初期都难免会遇到一些问题，一旦这些问题得到解决，成功便如约而至。在后来整整 23 年内，这款车凭借其无可挑剔的路上表现证明了其无可比拟的质量。1935 年因癌症逝世的安德烈·雪铁龙只经历了该车的初步摸索阶段，没能亲眼看见该车使雪铁龙集团从此走上漫长的打破成规的革新道路。

雪铁龙 ►2CV | 乡村女皇，城市之星

从 1935 年便开始构思的 2CV 最终于 1948 年问世。未加装饰但并不显得单调的这款车在风靡一时之前也经历了重重考验。

安德烈·雪铁龙从巴黎理工学院一毕业，就在自己的出生地波兰开始了他毕生的事业。在那里，他偶然听说有一个以人字形条纹为外形的齿轮传动系统，于是便买下了它的专利权。这就是雪铁龙齿轮传动系统公司成立的开始，这个人字形条纹也在 1919 年成了雪铁龙这一新生汽车公司的标志。在 5C“三叶草”以及非凡的前轴驱动车获得巨大成功之后，公司开始了对 TPV 型小汽车的研究。

由于战争原因，最初计划于 20 世纪 30 年代问世的这款车型推迟发售。已经生产好的 250 辆 A 型汽车不得不被拆卸，只在巴黎东部的车辆研究中心留下了 3 辆。战后车辆生产得以继续，公司原本的

计划是在 1948 年推出新款。为了这一计划，公司董事长皮埃尔·布朗热从 1935 年开始在这辆车上投入多少资金如今我们已无从知晓。设计该车的初衷是要取代农场上的马力拉车，此车重达 300 公斤，可以同时承载 4 个人，在时速 60 公里的情况下跑满 100 公里耗油 5 升。最后需要强

调的一点是，该车的悬挂减震装置非常有效，它载着一篮鸡蛋穿过农场时，鸡蛋竟然没有破碎！在 1948 年巴黎车展上，这些特点都被一一列出。然而民众的反应并不如预期的那样热烈。当时法兰西共和国总统文森特·奥里奥尔以及政府幕僚们都对该车机动装置的性能持怀疑态度，对此布朗热只是撇了撇嘴。尽管当时的媒体一再嘲笑他是不是要卖车附赠开瓶器，可他本人并不担心这款新车的未来，后来的事实证明他是对的，这款沿用了雪铁龙式顶棚的车型被命名为 2CV。

该车无与伦比的实用性很快得到了证实，它拥有一切汽车应具备的功能且价格适宜，又兼具灵活和强韧的特点。从技术上讲，2CV 有很多亮点：如避免使用昂贵的单壳船式底盘，这样一来就给焊接的薄钢板提供了位置；车身的所有部件都由螺钉固定，其底盘盖就是由 16 颗螺钉固定的；此外，引擎盖下是一款 0.38 升双气缸发动机，这一灵感来源于摩托车的构造，并且该气缸是由空气自动冷却的。

2CV 获得了巨大成功，尤其在平民阶层大受欢迎，但这并不意味着其发展没碰到任何阻碍。由于这个巴黎公司并不具备高效大规模生产的能力，所以雪铁龙 2CV 与雷诺 4CV 的境况不同，对于其消费者来说，等上 3 年才能拿到爱车并不是什么稀奇事，由此便催生了一个二手车市场，已被磨合过的旧车卖得比新车还要贵！后来该车还配备了 0.6 升双气缸，其最高马力可达到 29 匹。

全世界范围内一共生产了超过 500 万辆 2CV，最后一批是 1990 年 7 月在葡萄牙生产的。在当时与其说这是一辆汽车，不如说它是一种生活艺术！

OVNI行动

每次雪铁龙的新车发布都堪称一场盛典，这已成为了传统。1934 年的前轴驱动车、1948 年的 2CV 都代表着雪铁龙的精髓。那么 1955 年车展时 DS 又会带给大家什么呢？万众期待的热情是该车型攀上成功顶峰的开始，随之而来的是在它展出的第一天就有 12000 张订单的记录！

雪铁龙品牌的这款新车确实招致了非常多的争议，从侧面也反映出当时公众对它的狂热之情。除了由弗拉米尼奥·贝尔托尼设计的极具未来感的汽车形象外，DS 也是集中了各种科技新品的产物。工程师安德烈·勒菲弗和他的团队全身心付出，使得展示在大众面前的这款新车无疑成了新科技的代名词：DS 装配有液压空气式减震装置、液压变速箱、离合器以及导向装置，同时还改进了刹车装置。正是因为该车出色的减音装置，驾驶 DS 的感觉就像乘坐飞毯一般。面对供不应求的局面，雪铁龙没有时间再对这辆前卫的车

这个人字形条纹品牌逐渐达到了事业的顶峰。在 2CV 推出 7 年之后，雪铁龙打破常规，推出了令人难以置信的 DS，毫无疑问，在当时这辆车的出现标志着雪铁龙又向前迈出了一大步。

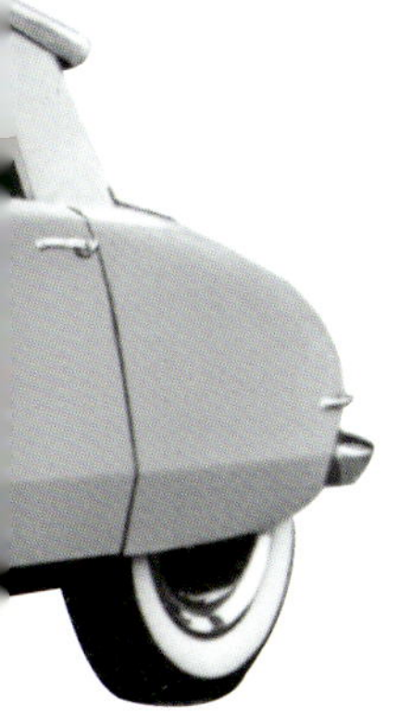

型作进一步精确的修正，尤其是在液压装置上，因此，初期阶段的该车型难免会出现一些问题。但这款车型被部长、外交官和其他政府官员所赏识，特别值得一提的是戴高乐总统乘坐 DS 成功躲过了暗杀，而且当时车子的两个前轮都已经被击中，但该车仍然在向前行驶。在两次取得蒙特卡洛汽车赛的胜利后，该车在各大拉力赛上的完美表现也尤其引人注目。

1967 年，装有双镜面汽车散热护栏的 DS 面貌一新，在汽车转弯的时候，其内置镜会和方向盘一起转动，从而保证驾驶者拥有良好的视野。1975 年 4 月 24 日，从贾维尔出厂的型号为 1330 755c 的车是 DS 型号的最后一款车。

科德 ▸810 | 勇敢而有型

在已经拥有大众和奥本的情况下，在1929年埃里特·洛班·科德还是推出了以自己名字命名的车型——科德129。该车因超低和优雅的加长车身而与众不同，但最有名的还是其牵引系统，在当时的美国，这是一款前所未有的新车型。

才华卓著的工艺美学家高登·布艾林格在1934年加入科德集团，凭借自己超凡的天赋使得他的团队所生产的车型都能与别的美国车大不相同。正是凭借着科德与众不同的特色，1935年科德810问世，它造型十分新潮，其散热防护栏由长条状镀铬部件构成，并且一直延伸到车门处。由于它的车身形状扁平且多棱角，该车的竞争对手称其为“棺材鼻子”。该车的其他细节之处还体现在分散于两翼的车灯和可折叠的光学试镜，其实就是借用飞机降落时所用照明灯的原理，使车灯依靠手柄操控可自动收缩！这一运用在当时很快成了典范，而且接下来的几十年间都被运动型汽车所效仿。该车的脚蹬和铰链都被取消，4.6升V8发动机，马力可达125匹。技术上来说，该车的创新之处还在于将之前分开的牵引和减震装置联合在一起。问世一年之后，810被812所取代，后者压缩机的排气管更为灵活实用。虽受到大众的狂热追捧，810和812却并没有在经济上获得想象中的成功，原因就是消费者被一系列的创新弄得有些不知所措。仅有3000辆车被生产出来。后来，由于科德·奥本·杜森伯格集团的倒闭，位于印第安纳的分公司也关门结业了。

作为大众和奥本的表亲，科德在性能和外观上都十分出色。科德 810 是第一款巧妙融合各种元素并拥有强大车身的车型。

由阿尔贝·德·迪翁、乔治·布东和阿尔芒·特雷帕度联手成立的公司德·迪翁·布东于1882年在巴黎成立。该公司的首批作品是于1894年7月利用蒸汽机原理制造出的机车，负责在巴黎至鲁昂的路线上行驶。但很快该公司便转向生产汽油机动车，制造出了利用空气冷却原理，装配185毫升气缸的单缸发动机机车，该车出厂后，来自世界各国的订单纷至沓来，共有超过150家企业购买和使用

20世纪伊始，德·迪翁·布东公司就是世界上最大的汽车生产商。公司第一款大批量生产的G型汽车充满技术上的革新，其中就包括德·迪翁著名的汽车轮轴革新。

德·迪翁的发动机。

在全盛时期，德·迪翁于 1899 年推出 G 车型，这辆车初具现代车的雏形。它采用了 498 毫升 的 5 马力空气冷却单缸发动机，驾驶员座椅上配有软垫，其底盘由钢管制成，牵引装置由双向支架引导。该车汇集了构思者的各项技术革新成果，例如电子点火装置以及德·迪翁著名的汽车轮轴装置，也就是由万向支架连接的悬空横向轴牵引装置，这一技术至今仍在汽车制造业中广泛使用。这是第一款大批量生产的车型，共计 2970 辆。在 1899 年到 1902 年间，该公司堪称汽车制造业的老大，此时德·迪翁将公司的发展方向转向了生产内燃机车和电气轨道车。该公司的良好表现与迪翁伯爵、乔治·布东的能力大有关联，后来成为侯爵的他在 1895 年成立了法国汽车俱乐部，而后又创办了名为《汽车 – 自行车》的报纸，后来该报名字简化为《汽车》，自此他身后流传着一段与汽车领域不可分割的传说。

辉煌与消亡

造型艺术工程师路易·德拉热总是在其作品中不断地完善对“优雅”二字的诠释。在1914年的印第安纳波利斯500英里汽车比赛中获得胜利之后，德拉热更是坚定了要在运动车型道路上走下去的决心。20世纪20年代，他使用V12发动机生产出的第一批汽车取得了不菲的业绩，他也在1927年获得世界头等汽车建造师的称号。

为了与“伊斯帕诺·西扎”（Hispano-SuiZa）这款车竞争，德拉热在D8车上采用的是呈直线排列的8个4.1升气缸。但是，D8运气不佳，赶在了1929年经济大萧条的时候上市，当时人们对豪华车的需求量十分小。再加上在赛车中的大笔花销使得德拉热遇到了严重的经济问题。后来推出了D8S（运动车型），尽管它的马力达到125匹，却仍然无法改变其面临的销售窘境，在当时仅仅卖出了145辆。于是1935年，路易·德拉热只好将其营销许可转让给了德拉哈耶，这样才可以使他的汽车梦得以继续，只不过要搬到后者的工作间里进行罢了。D8仍然是法国优雅车型的化身，当时知名的车身制造者为它设计了魔幻般的全钢外壳。其中最著名的两位当属勒图尔纳和马尔尚，两人和路易的关系非常要好，在他们手中，“空中运动”成了美学和奢华的代名词，并在众多车型的美丽比拼中拔得头筹。圆滑流畅的线条车顶取代了之前的硬顶，整个车身看上去犹如风一般具有流动性，除了车身完美的比例令人赞叹外，其巨型引擎盖也十分引人注目。从1936年到1939年，该车型只生产了14辆。1953年，该车所属集团被霍奇基斯公司收购，这辆D8 120迎来了它天鹅的挽歌。

基于路易·德拉热创造的车型在竞赛中屡获大奖这一事实，我们不难发现他追求的就是精益求精。同样他也是那个时代优雅车型制造的领军人物，从下图的 D8“空中运动”（Aerosport）流畅的线条我们便能够窥知一二。

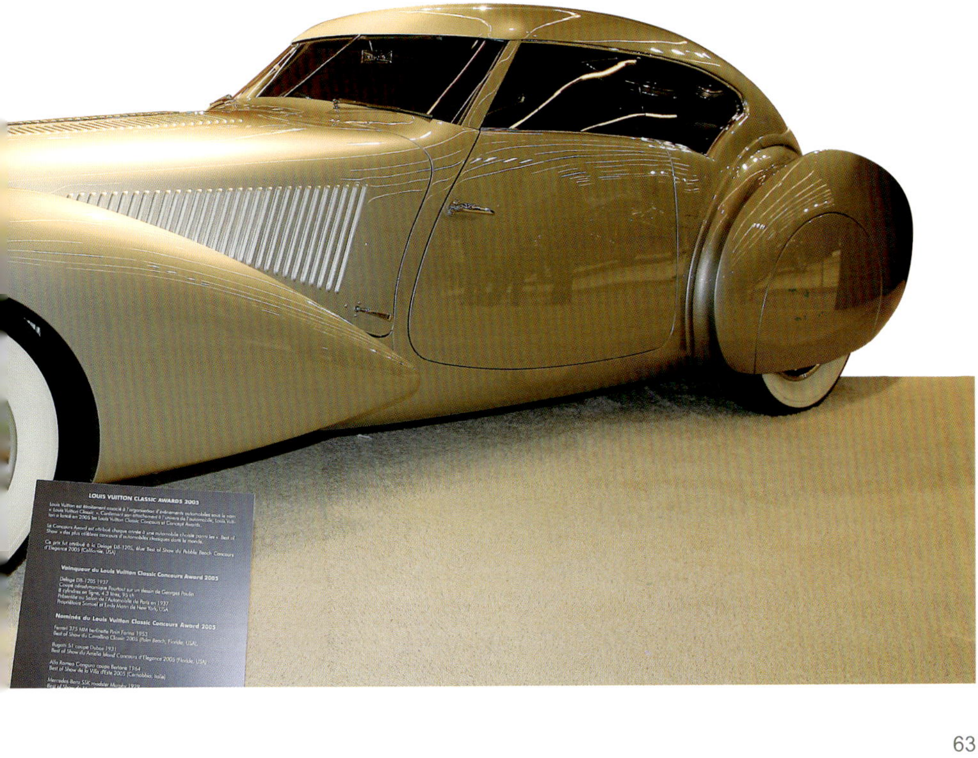

德拉哈耶 ▶135　40年磨一剑

这款 135 是德拉哈耶公司的明星产品。它拥有赛车的外观，同时也具备良好的性能，1936 年由法拉斯奇和费高尼操刀完成（如下图所示）。

埃米尔·德拉哈耶作为一个秉承折中主义的工业家，受到卡尔·本茨的启发，于 1894 年创造出首辆汽车作品，很快他便成为汽车工业的领军人物。不久，他将公司的管理权交给了乔治·莫拉纳和莱昂·德马雷，而后者又把生产管理权交到了夏

尔·魏芬巴赫手中。德拉哈耶后来的产品见证了诸多奇迹，这些车型既经典又实用且极具多样化。如在巴黎的造车厂生产许多用于农业和消防的卡车，这些产品加深了人们对这一品牌坚固耐用形象的认可。魏芬巴赫在1906年成为了该品牌的拥有者，1927年到1932年间，他一直致力于同契纳德、沃克、优尼科以及多纳合作。在另起炉灶之后，德拉哈耶又面临着新的挑战。最后，公司生产出来的成品是和以往大不相同的高档车。1933年随着让－弗朗索瓦构思的138车型诞生，德拉哈耶迎来了事业的转折点。这辆超级奢华的138车型配备的是在卡车上使用的3.2升的6气缸发动机。底盘精简、马达有力的特点使得该车在1935年的阿尔卑斯赛场上树立了威望，后来该车得到的新名字是135。可以说，在40年后，德拉哈耶迎来了事业的第二春！

这一型号有两款车，一款是90马力的135运动车型，另一款是配备3个汽化器、6个气缸，功率可达113马力的135阿尔卑斯双座车。后者的亮点还在于采用了“道达尔”（Total）变速箱，使得变速十分轻松方便。这款135阿尔卑斯双座车配备了原本装载在卡车上的发动机，使之得以在各项竞赛中屡获殊荣。从1936年的ACF汽车比赛到蒙特卡洛拉力赛再到1938年的24小时勒芒拉力赛，德拉哈耶的135M和MS都抱走了奖杯。这些荣誉引起了法国著名车身制造商的注意。就

如当时大部分的奢华车一样，德拉哈耶车在出厂时是没有底盘的，但却装配了散热器护栏。135系列产品本身的优秀品质吸引了大批著名的车身设计师，如拉布尔代特兄弟、沙普龙、弗拉纳、勒图尔纳和马尔尚都对它的外观进行过改造。最后的成品采用的是菲戈尼－法拉斯基（Figoni&Falaschi）的设计，整车采用的是水滴式设计，包括车轮在内，呈现的都是流线型外观。虽然该车在路上行驶起来不那么方便，但由于它夺目的外形设计，让它在汽车魅力比拼中成为翘楚，从而受到汽车爱好者的热捧。

但二战后受到经济萧条的影响，公司情况开始变得棘手。1951年，作为135升级版的235成了该品牌捍卫荣誉的最后一搏，但收效甚微。已经是霍奇基斯所有人的德拉哈耶在1935年也推出过德拉热车型，但最终还是在1954年停止了奢华型汽车生产，转向更具实用性的汽车设计行业。法国汽车史上华丽的一页篇章已然翻去……

群星聚集的国度里的终极偶像

不是只有欧洲才有卓越无比的车型，在美国奇幻的车型同样存在，那就是杜森伯格J款车。这辆庞然大物配备的是奢华的车身以及6.9升的超级发动机，其最高时速可达190公里。

在20世纪20年代，印第安纳波利斯汽车赛上大批汽车正在高速行驶，其中就包括了杜森伯格的车。它的试驾员开足马力跑完了500英里，这一幕算得上是新款J上市的预告片，但是此时该车并未装备豪华车身，这使得该款车之后在车身选择上还留有很大的余地。其实在1928年，也就是该车批量生产的6个月前，其构造者就已经将它交到最好的美国设计师手上，目的就是，在不久的将来能得到一件以最完美姿态展现在顾客面前的作品。

弗雷德和奥古斯特·杜森伯格祖籍德国，他们最先作为马达维修技师而成名，二者于 1916 年在美国制造出代号为 A 的车型，该车装配了时下最先进的线性排列的 8 气缸发动机，甚至还装配了液压制动器，这是他们在汽车制造领域迈出的第一步。1926 年被埃里特·洛班·科德收购后，杜森伯格品牌就开始致力于高级车生产。

两年后新款 J 上市，当时它受到了美国民众尤其是好莱坞明星的热捧。霍华德·休斯、贾利·库伯、葛丽泰·嘉宝和西班牙阿方斯八世都入手了这款新车。该车兼具赛车的速度和四门轿车的舒适及奢华的特性。尽管该车巨大的 6.9 升 8 引擎占据了很大的空间，但仍然有足够的位置预留给驾驶员以保证其舒适度。如果说当时的豪车一般是由专门的司机来开，那么这款车设计的初衷就是，为了让那些汽车制造者或职业车手体验平时亲自驾驶的乐趣。作为明星车型的新款 J，在经过压缩机改动后，成了后来的 SJ，这一车型在赛车界掀起了惊涛骇浪。它打破了当时最高时速 244.80 公里和 24 小时平均速度 217.97 公里的纪录。然而不幸的是，随着 1938 年科德公司的消失，这辆车也停产了。

法赛尔·维加 ►HK500 | 流星

在德拉热、德拉哈耶、泰伯、伊斯帕诺、布加迪和其他汽车制造商纷纷退出汽车舞台后，法国的奢华车制造业一度低迷。然而让·达尼诺斯决定重拾前辈的辉煌，在雪铁龙集团工作一段时间后，他于 1939 年成立了福吉公司以及法赛尔设计工作室。二战后，该公司承接了众多公司尤其是辛卡这家公司的分包任务。

1954 年，让·达尼诺斯决定建立一个属于自己的品牌，他采纳作家哥哥皮埃尔的建议，将“法赛尔”同星宿的名字“维加”联系在一起。该品牌的第一款产品 FV 配备了克莱斯勒 V8 超强发动机。

为了重拾法国那些在战前或战后消失的汽车品牌的魅力，法赛尔·维嘉凭借优雅的设计，用 HK500 交出了具有说服力的答卷。

法赛尔车型的主要特点是其配备的由两个小型护栏连接的散热器以及空军式的座椅。该款车在 1950 至 1960 年间大行其道，成了那些常坐喷气机旅游的富商阶层的首选。伊夫・蒙当、艾娃・加德纳、伊朗国王以及摩纳哥王子都将此车收入囊中，而阿尔贝・加缪却驾驶着他出版商的这款车不幸遭遇车祸身亡。

继 FV 后，HK500 于 1959 年问世，该车明显保留了其前辈的痕迹。配备了“蓬塔穆松”（Pont–à–Mousson）手动变速箱和“多格福利特”（Torqueflite）自动变速装置的这款车在当时是卖得最好的一款车型。这款车柔和的剪裁和线条与当时的美国车型大不相同，其引擎盖下使用的 V8 发动机，永远是达尼诺无比信赖的克莱斯勒品牌，6.3 升气缸容量使这辆外观迷人的法国车的最高时速可达到 225 公里。1961 年法赛尔二代诞生，它的线条与 HK500 相比更为精细柔和。但是后来失败的“法塞利亚”车型使得法赛尔・维加公司于 1964 年末宣告破产，到现在为止该公司一共生产了 3033 辆车。

为赢而生

恩佐·法拉利的创意是令人无法抗拒的，这辆披上红色战衣的高速战车可以让人神魂颠倒！就在原来的 250GT 面对竞争对手越来越显得老态龙钟的时候，法拉利做出了一个重要抉择，那就是为对抗当时获得世界车赛冠军的其他品牌的同等级车型，生产出至少 100 辆法拉利品牌的赛车。作为 250GT SWB 车型的改良版，250GTO（Grand Turismo Omologato, 意为“伟大的旅程”）尽管只生产了 36 辆，但不久之后它便成了法拉利集团叩开世界汽车赛冠军大门的敲门砖。250GTO 无疑是赛车中的极品，它牢牢吸引了众多的粉丝，至今仍是人们最为追捧的收藏车型。

除了新的注册名外，新款 250GTO 其实并没有在 250 的基础上有什么创新，但是法拉利仍不断地研究，旨在车赛中拔得头筹。在采用了全铝车身后，我们才看到两者之间大的不同：铝质材料使得整个车轻便不少，并且使车在空气动力值上有一个可观的攀升。在试车专用跑道上，“摩德纳”（Modène）和“蒙扎”(Monza) 被

法拉利 250GTO 可说是专为赛场而生。由于车赛的缘故，设计师必须选择动力最强劲的 V12 发动机，这样的配置足以让汽车爱好者为之倾倒。

反复测试，这两辆车配备的是更先进的“派斯”(Pise) 鼓风机。经过反复研究后，GTO 的引擎盖被降低，车后方也经历了大刀阔斧的改动，这使得它的外形更加炫目。在细节方面，我们注意到发动机的通风处增加了三个腮孔，它们可以根据周围温度运用空气动力原理进行微调，并且由活板门控制开闭。在勒芒 24 小时拉力赛中，胡诺迪艾尔就是驾驶这款经过重重改良的车型的。除了以上这些优异的性能外，GTO 的外形设计也是吉奥多・布扎吉尼的大作，他赋予了该车巨大的张力，并带给人强烈的视觉冲击。

如果说机械的组合也能奏出交响乐，那这乐声一定是由达到 300 马力的 V12 发动机实现的。它是 20 世纪 50 年代末特斯塔・罗萨的作品，可应对一切挑战。而那些不得不提的优良改造，很多都是出自马拉奈落的创意。该款车在赛场上可谓所向披靡，1962 年至 1964 年，斩获三连冠，同时 GTO 车型占据了 1963 年世界汽车排行榜前六位中的四席。GT 车型在勒芒拉力赛中轻松取胜，使得当时其他品牌的赛车无不感到压力巨大！该车构思者创造的如利器般的外形，以及该车的奔马直立标志，都使它在汽车历史上写下了厚重的一笔。

法拉利 ▸250特斯塔·罗萨 | 运动车型、V12引擎以及24小时拉力赛之间的故事

法拉利从不生产民用或者一般公路用车，投入的所有资金都只是为了赛车。除了旗下大红的单座赛车外，在其他各类运动车型竞赛中也总能找到“稳定法拉利”(Scuderia Ferrari)家族成员的身影。法拉利 250 特斯塔·罗萨便是法拉利强悍家族中的一员。这款车在 1957 年问世，它的另一个名字叫作 TR。更为细分的话，它是法拉利马拉内罗基地出品的成员，装配有强悍的开角 60 度、单气缸容量

法拉利 250 特斯塔·罗萨作为第一批斯嘉丽缇操刀制造的作品之一，在勒芒 24 小时拉力赛中 3 次摘得桂冠，证明了其不可小觑的实力，这辆车连续十年作为马拉内罗出品的得意之作。

达 0.25 升的 V12 发动机，是工程师吉奥奇诺·哥伦布的作品。250 系列无疑是法拉利的荣誉型号，它包含了一系列性能卓越的车型。因其红色的汽缸盖，这款译为特斯塔·罗萨的车型别名为“红色子弹头”。斯卡列蒂创造了 250TR，首批出厂的这一型号便表现出了与众不同的特点——全身车皮均为手工改造。TR 是专门为一级方程式设计的，应用了工艺美学原理，在车身两侧装配令人目眩的两翼。从 1959 年开始，原法拉利的总工程师卡洛·基蒂为特斯塔·罗萨打造了全新的车身，因为他认为该车以前在空气动力方面存在较大的问题。经过不懈努力，最终由皮宁法里纳操刀的新款车成了经典中的经典。尽管有诸多优点，但该车的底盘处还存在一些问题。这辆车的刹车和轮轴装置一如既往地使用德·迪翁公司的产品。250TR 及其后续 300LM 都采用了将发动机 V12 装配在车头的方法，而这也是法拉利最后一次运用这样的方式装配赛车。这辆 250TR 堪称神工鬼斧之作，它最引以为傲的资本，便是曾三次获世界冠军头衔并数次在勒芒 24 小时拉力赛中拔得头筹。当时这款车采取的内件装配分别有盘状刹车、自动锁扣的差速器以及与轮胎分离的减震器等。

从马拉内罗到迪通拿

这辆车的名字取自它在迪通拿汽车比赛中获得的胜利，同时，该车在美国市场上也取得了巨大的成功，这对于法拉利来说是非常重要的。这款无法抗拒的迪通拿顶篷车是该意大利品牌的又一力作。

迪通拿作为法拉利家族优秀的一员，在1967年的24小时拉力赛中取得了巨大成功。两年之后，媒体将该车命名为365GTB/4。此时距离马拉内罗汽车生产基地出品的大作兰博基尼·缪拉（Lamborghini Miura）问世已有两年，故而汽车爱好者对迪通拿期待已久。尽管该车仍然采用前辈们所使用的发动机作为内部配置，但法拉利还是以无可比拟的机械技术和感性外观引起了轰动。

虽然法拉利忽视或假装忽视对手兰博基尼的手法，并没有跟风将发动机放在汽车后方正中的位置，但在赛场上不去和对手竞争，这一点是法拉利无论如何都做不到的。而且，此时美国出台了防止空气污染的法令，对意大利品牌车而言，这也是一道厉害的关卡。当时法拉利采取的对策是将V12的气缸容量提升到4.4升，并在车头采用4根凸轮轴，同时双身用6个汽化器来带动，这样汽车的功率就

能达到 352 马力。连接前轴钢板中心、变速器和轮轴的后置系统使压力有效分配在四个车轮上。法拉利希望这款车能够超越兰博基尼的缪拉，为此，在设计方面，皮宁法里纳采取了无散热防护栏的创意，这一举措果然为该车增色不少。当时，大众的目光都被这款美丽的迪通拿吸引，再加上它的最高时速可达 280 公里，可以说，兰博基尼在这一回合的比拼中彻底输给了法拉利。

向创始者致敬

2002 年投入市场的法拉利·恩佐是法拉利品牌能力的代名词，无论是在路上还是在赛场上，该款车的表现都一贯优秀。对于法拉利这一经常在一级方程式取胜的集团而言，恩佐车型又是一件成功的新作。

在选择以法拉利的创始者——恩佐·法拉利的名字命名这款新车时，法拉利的高层们担负着一项重任，即不惜一切代价将该车打造成一款绝世独立的车型。他们要做的就是比以往任何一次都要用心，可喜的是法拉利刚在不久前连续 4 次赢得一级方程式的冠军，这样便可以吸取在赛场上积累的经验来装配该车。现在的任务就是在 F40 的基础上进一步改良，并将 F50 的车前杠抬高。做出这些更改后，恩佐款的前身——著名的麦克拉伦 F1 GTR 诞生了。

在以碳纤维材料和铝质蜂窝结构为框架的基础上，恩佐装载的是 6 升容量的气缸，就是这样一个装置使其达到了 660 马力！另一处恩佐创意的运用是借助一个倾斜支架，将减震装置直接安放在发动机处，这一举措的灵感完全来自于竞赛场。通过方向盘两边的碳质小桨叶带动的六档时序变速器给予了恩佐与众不同的强劲动力，这也正是一级方程式用车必须具备的品质。刹车采用的是烤瓷技术，即使在加大马力达到时速350公里的情况下，该车也能迅速地制动刹车。这辆车并不需要安装尾翼就能在柏油马路上飞驰：无论何种速度它都可以平稳地紧贴地面行驶。该款车的另一个卖点就是：凡是购买恩佐的买家都可以在一级方程式的赛场上，坐在自己的爱车上驰骋，感受赛车的气氛。

终其一生，恩佐·法拉利创造了全球数款外形最美丽且无论是在公路上还是在赛场上性能都最良好的汽车，他总爱说最好的车是“下一辆”。正是这样的信念使得恩佐的作品精益求精，并一直保持了无可挑剔的路上表现。

被埋没的美

二战之后，意大利汽车制造公司托里诺推出了菲亚特汽车。同时代的运动车型，诸如阿尔法·罗密欧以及随后出现的法拉利，占据了绝大部分市场。此时的菲亚特并不能与他们匹敌。这一都灵汽车建造公司的商业基金是为大批量生产汽车而准备的，他们生产的车型包括 1936 年被重命名为“托

1952 年，菲亚特的这款 V8 车型问世了。即使到现在，该车罕见的美和独特的外观设计都让人们念念不忘。

普利诺”（Topolino）——别名“小老鼠”的菲亚特 500，菲亚特 1100、1400，以及从吉普车中汲取灵感的越野车“康帕纽罗”(Campagnola)，可以说这些车型很大程度上弥补了大众汽车市场。

惊喜出现在 1952 年的日内瓦车展上。当时展出的车辆中包括菲亚特这款运动型双座小轿车，尽管显得有些另类，但仍掩盖不住它的风华，这款车让当时的同类汽车感到十分嫉妒。“一个带有数字 8 的 V 字形外壳包裹着汽车水箱，”意思是该车装配有 8 气缸发动机。这款全新 1.9 升发动机开角可达 70°，马力可一次性升至 105 匹。对菲亚特而言这也是第一次采用这种创举，在 4 个轮胎上分别安装减震装置，使得它在路上表现非常出色。在运动车型中，菲亚特吃亏在没有十分有力的品牌形象，所以只能十分低调地在 1952 年至 1954 年间生产了 114 辆这款漂亮的 8V。然而，这款小菲亚特却因极具现代感的构思和轻巧的车身在各大竞赛中脱颖而出。该车由驾驶员埃利奥・扎加托驾驶，见证了无数奇迹，多次将各种大奖收入囊中。

此时，意大利著名的车身制造者也完成了对 8V 外观的改造，趁此机会 8V 摇身变为 8VZ。最终，这款全铝车身的小汽车成了米兰汽车中最美丽的车型之一。

对汽车的爱

二战之后努力重建的菲亚特，在 20 世纪 50 年代经济形势大好的情况下把握住了机遇。在意大利，人们当时会用一辆名牌摩托车换一辆小型汽车，于是菲亚特开始致力于迷你车型的研发。1957 年，他们向公众推出了菲亚特新款 500，用它代替了之前的 500A，并在 1936 年将该车改名为著名的“托普利诺”。该车的构思者 —— 总工程师丹特·贾科萨的理念就是制造迷你型小车，他如是说：“一辆汽车哪怕再小，驾驶起来也总比摩托车舒服。”显然，该车的客户群十分明确，那就是普通民众和年轻夫妇。

从一开始，菲亚特就想创造一款经济型汽车，于是菲亚特 500 应运而生。该车并无镀铬部件且配置精简，例如该车的车顶采用的只是一块连接车身塑料后视镜的帆布。

菲亚特期望这款车能够尽可能多地吸引普通民众加入购买的行列，为此贾科萨尽其最大努力将这款车的外观打造得十分美丽。他将发动机置于车后身，而油箱、电池和备用胎则放在车前盖下方。最开始该车装配的是 0.49 升的双气缸，后来就改成了空气自动冷却的 0.49 升气缸，这样就避免了装配水箱。连接后轮的传导装置代替了原来占空间

借助大量的广告，菲亚特500牢牢地抓住了消费者的心。而500D让位于更加舒适且配置更高的500F也是顺水推舟的事情（如右图）。此时这款车型已达到了成功的顶峰。

的传导轴，腾出了大量空间，并极大地减轻了车身的重量。该车型的成员之一“诺娃”(Nuova)500身长仅2.97米，体重仅为500公斤。车内的装置也是能省则省，例如车窗玻璃冲洗器、烟灰缸，甚至是前折反光镜都被省略了。而帆布车顶更是将这辆车苦行僧般的风格呈现到了极致。

虽然一开始菲亚特500受到了公众的欢迎，但并不算大获全胜。相比其前身菲亚特600来说，这款车的价格已经降了不少。但相对于价格的差距，大家更感兴趣的还是这两款汽车配置的差别。菲亚特500配备的是13.5马力的发动机，所以该车的最高时速也才85公里。对此，大众并不十分满意，但菲亚特很快想出了应对策略，那就是让菲亚特500的车厢内置更加舒适并且进一步降低价格。而且后来这款车更是不断改进，采用的D型发动机使其时速提升到100公里，这才使得它在汽车市场中脱颖而出。该车不仅具备汽车行业不断进步的品质，也非常符合城市用车的理念。无论从哪个角度看，这辆车都散发着令人愉悦的气息。这辆小菲亚特的车顶棚可以向引擎盖方向折叠，注重诸多细节的菲亚特500可以说是品质生活的代名词。

另外，该车驾驶起来也是相当轻松的，尽管马力偏小，但它的路上表现却十分稳定，而且无论怎样转向都无须减速！这款车的强悍之处就在于其车身虽小但性能却持久良好，几乎找不到任何瑕疵。在其对手迷你“库伯”问世前，这款菲亚特500可说是赚得盆满钵满，就如同在该车出现之前的雪铁龙2CV。菲亚特500在1957年至1975年间简直就是流行汽车的风向标，一共售出3 600万辆，是欧洲一款名副其实的明星车型。

福特 ▸ 雷鸟　雷鸣般的钢铁侠

通用汽车公司为了阻挡来势凶猛的欧洲车占据美国市场的步伐，于 1953 年祭出利器雪佛兰·科尔维特。它几乎就是福特的探路者，这款科尔维特十分勇敢地采用了全玻璃纤维车身，配以“小巧的”6 气缸，使得该车在速度上能够满足汽车爱好者的需求。而其对手福特在两年后就有了动作，推出了配备强劲 V8 发动机且全钢车盖的雷鸟。这时公众就面临着选择。于是，在雷鸟推出的第一年，它和雪佛兰就在为争夺市场份额而较劲！不过，在汽车市场白热化的竞争中，制作比较精细并且偏欧洲风格的雷鸟更胜一筹。

这款两座运动型汽车采用了快艇式车尾，以舒适性吸引了更多顾客。该车在每个细节上都下足功夫，尤其注重路上行驶的表现。尽管底盘偏低，但是装载了碟片弹簧的减震装置，牢固连接前后车轮轮轴的配置，还是保证了这款雷鸟驾驶时的舒适性。

而该车引擎盖下的装置才是这件底特律工厂产品的重头戏，4.7 升 V8 的 200 马力引擎直到几年后才被超越。后来，雪佛兰研究出了更加强悍的发动机。这款车的惊喜之处还在于备用轮胎藏在了车后方减震器的盖子下。此车型同时还包括敞篷车，配备的滑动顶盖和后来十分出名的侧舷车窗都受到了粉丝的狂热追捧。和科尔维特不同的是，这款雷鸟后来逐渐向运动款小型车的方向转变，但在转型之前，该车在美国传奇汽车史上留下了金光闪闪的一笔。

为了制造出能和雪佛兰·科尔维特相媲美的车型，福特推出了装配有V8发动机的雷鸟车型，该车一问世便技惊四座。工艺美学上的佳作再加上无与伦比的性能，该车的出现仿佛是汽车行业上空的滚滚惊雷！

底特律的竞技场

雷鸟的传奇年代已经翻页，福特又推出了一款命名为“野马”的小型车。这款温和的野马车凭借美国制造商提供的繁复功能吸引了众多顾客的目光。

雷鸟推出 9 年后，福特需要一款兼具运动和流行两种元素的车型来更新形象。设计师起先画出了双座车的草图，最后位于底特律的福特公司采用了 2+2 的设计。李・亚科卡原本是销售员，后来成为福特副总裁。他构思的车型确实是前所未有的。这款车就像变色龙一般，能够随顾客的需求做出更改。该款车于 1963 年问世，而且与其前辈素淡的外观不同，这款车颇有欧洲风范。

这款不乏魅力的小型车成了运动车型市场的新一代宠儿。在1964年的广告战中赢得胜利后，这款车征服了整个美国。既有温和的V6引擎，又有火爆的V8引擎，这个美国品牌让顾客们可以在两种车型中从容地作出选择。4个月内，这款车的订单就达到10万份，而亚科卡早在一年前就预料到了这种结果。之后不到一年的时间内，41.8万辆车就销售一空，两年后该车销量达到100万辆！在这款车推出一年后，福特将打造全新版野马的任务交给了卡罗尔·谢尔比。和打造著名的眼镜蛇一样，谢尔比给新款野马配备了可达306马力的4.7升超级发动机。该系列有双座车、敞篷车和斜背式车身小客车三重选择，后来谢尔比还创造了型号为野马GT350的新作，这款车曾在电影《子弹》和《一个男人与一个女人》中大放异彩。

绝对的参造物

1908 年问世的福特 T 型车奏响了汽车领域即将飞速发展的乐章。亨利·福特这位先知的力作——福特 T 无论在技术、商业还是工业上都取得了巨大的成功。

虽然亨利·福特的父亲是一名农场主，但他却对所有的科学技术和科技产物感兴趣，他认为机械才是减轻农民工作负担的有效工具。亨利做过机械师，后来又在爱迪生的照明设备公司工作过一段时间。1899 年，福特生产出第一款发动机。受到刚起步的汽车工业的激发，他决定再往前迈进一步，于是同年，他在底特律成立了自己的汽车公司，可是公司没撑到两年就倒闭了，于是他又联合威廉·墨菲成立了亨利·福特汽车公司。但福特天生就是一名野心家，并且喜欢单打独斗，自 1903 年起，他开始成立自己的福特汽车公司，不过这次他还是联合了亚历山大·马尔肯松等另外 9 名股东。

此后汽车市场逐渐走向成熟，福特这一时期的品牌形象代表是强劲的四轮驱动赛车——代号 999。它在“钻石杯”车赛中赢得了冠军，这次胜利给这个新生的汽车公司打响了品牌知名度。福特 A 是该公司的第一款车型，在 1903 年至 1905 年间这款车共卖出 1750 辆，这对福特来说是个非常好的开端。

福特能真正站稳脚跟，要归功于 1908 年推出的福特 T 型车。该车也成了汽车史

从某种层面上来说，法拉利的失败使福特及其命名为“完美表现”的发展计划取得了巨大成功，福特继著名的野马车型后，又生产出了同样精彩的 GT40。法拉利和福特间精彩的对决在勒芒上演了……

单座车正中处配备了强劲的福特 V8 发动机，生产出来的成品完全符合福特的期待。这辆超级配置的 GT40 是在迪尔伯恩完成装配的。由于拉力赛中笔直的长车道带来的风的阻力影响，当时研究的课题就是如何完美地运用空气动力学。尽管当时已配备了强劲的 V8、7 气缸发动机，但刚成形的 GT40 在 1964 年和 1965 年对抗法拉利的时候还是遇到了困难。不过顽强的福特并没有就此退缩，最后在 1966 年，凭借新生产的 GT40，让法拉利输得心服口服。此车后来又迎来了三项其他比赛的胜利。福特赢了，而且当时只小批量地生产了 124 辆这款豪华赛车，这无疑是一项英明的商业举措。

伊斯帕诺–西扎 ▶68型 | 王牌中的王牌

超级奢华且精心打造的伊斯帕诺–西扎68型车无疑是汽车科技产业中的瑰宝。该车也是瑞士著名工程师兼设计师马克·博金最中意的作品。

伊斯帕诺–西扎这个超级品牌的标志是位于散热器塞口处的鹳形雕饰，1919年至1938年，该品牌都生产豪华轿车。西扎采用一战时期歼击机“斯帕德”（Spad）才会使用的V8发动机，它在空气动力学领域可谓树立了不朽的形象。鹳这一雕饰是为了纪念王牌飞行员乔治·圭雷默，他效力于一支名为“鹳”的空军飞行小队，该队的英勇表现正是伊斯帕诺–西扎想在其品牌车型中体现的。

作为生产豪车的专家，在面对竞争对手布加迪及其著名的车型皇家布加迪时，伊斯帕诺–西扎采取了不少措施以完善自己的品牌。该品牌的合作创始人——瑞士工程师马克·博金精心打造出代号

68 的一款车，该车最瞩目的配置当属与电偶相连可达 220 马力的 9.5 升 V12 发动机。1930 年，马克开始构建这辆车，第二年 10 月该车登上了巴黎车展的舞台。这辆车配有三个同步变速箱，采用了当时极为罕见的、由柏克特发明的伺服制动系统，使得 68 型车具有高效快速的制动功能。尽管遭遇了 1929 年的经济大萧条，但这并未动摇这款“路上飞船”的地位，尽管其车身重达两吨，但还是拥有超过 160 公里的时速。

该车前后轮之间有较长的轴距，这就足以支撑起这一地球上车身最长的轿车，而且顾客也能够体会到十足的驾驶乐趣。就像其竞争对手皇家布加迪一样，伊斯帕诺 – 西扎也将他的技术应用于法国内燃机车，同时给这个奢华的品牌带来了一丝食人间烟火的意味。

借鉴科技

配备了 V6 燃气涡轮发动机的本田 RA163 是一级方程式上无可挑剔的王者，它在 1986 年到 1988 年蝉联三届冠军。但是在当时这个日本品牌并非运动车型制造世家，而是四处借鉴其他品牌近些年来的成果。之后，该品牌决定自主研发一款车，这便促成了 NSX 的诞生，从某种意义上来说，NSX 是展现了本田工艺的一款车型。NSX 是为参加 1989 年的新型汽车体验赛而构思的车型，很明显生产它的目的就是为了与当时的运动车型保时捷 911 和法拉利 348 抗衡。面对对手，本田公司所做的，就是尽一切创新之能将 NSX 打造成一款高科技的车型。

底盘和车身使用的都是镁铝材质，相比于全钢材质的车型，这辆车得以减重 40%。本田在 NSX 身上攻克了拼接方面的难题，并将这一技术进一步发扬光大。本田在轻机械方面经验丰富，在汽车上装载了小巧的 3 升 V6 气缸。它被横向地固定在汽车中间，从而分别分配给汽车前后部 42% 和 58% 的动力。置于车头的 4 根凸轮轴能够保证动力有效分配，而电子仪器则很好地完成了点火的工作。

虽说选择装配温和的 V6 发动机有些出人意料，但本田毫无疑问会将其最新的

NSX 难道太过完美了吗？表现完美、安全可靠以及驾驶舒适，这些都是 NSX 自 1990 年问世以来就赢得的赞誉。然而本田却没有把握住机会使该车辉煌的历史永久地流传下去。

研究成果全部用在这款 NSX 上。钛制传动杆和凸轮的镁制隐形轮轴的整体重量只有 221 公斤，这就使得汽车的总重量大幅降低。本田公司在燃气方面也是专家，技术人员给 NSX 配备的是 V 技术（V–Tech）点火系统（根据时间控制阀门的电子点火系统），使得发动机的进口和出口能随着回旋装置的位移变化而改变。这项技术使该车在爬坡的时候，即使利用最小的回转幅度也能获得动力。这款车型分为手动和自动变速挡两类，后者装配了适用于不同情况的最先进的电子辅助设备，与此同时 ABS 和牵引控制设备也被运用到这辆本田车上。

尽管本田和宾尼法利纳有着合作关系，但 NSX 的外形设计却全是本田公司独立完成的。在这辆车上我们能看到，安装于车尾的后翼延长了车身线条，也给予这辆漂亮的日本车 0.32 的 CX 系数值。该车重 1370 公斤，马力为 274 匹，最高时速可达到 255 公里。由于本田是在专用车间进行生产，所以效率非凡，仅一天就能生产 25 辆车。NSX 车型上比较显著的改动还包括电子加速器，提升至 294 匹的马力、升至 3.2 升容量的气缸。这些改变同样运用在命名为“塔尔卡”（Targa）的本田车上。自出厂到 2005 年，NSX 共卖出了 18000 台。当时本田的任何其他作品都不能与这台超级赛车媲美。

本田 ▸S800 | 危险的红色

1962 年，起先是摩托车制造商的本田开始进入汽车制造领域。在参加了 1964 年的一级方程式竞赛之后，公司的规模开始扩大。就像之前生产的两轮摩托车一样，该品牌的四轮汽车同样续写了精彩篇章。让我们来看看 1965 年在墨西哥举行的大奖赛上它的表现吧：由瑞奇·金森驾驶的红白相间的战车赢得了最后的胜利。这说明本田有战胜一切的资本。本田最开始生产的车型被命名为 S600，后来，1965 年出厂的汽车都被冠名为 S800，后者是前者的升级版。这款日系车是一辆全铝质的四冲程汽车，车头设置了双凸轮轴。该车的设计灵感来自摩托车制造技术，在当时这款车可是创新的代名词。小巧的 0.8 升发动机可达 70 马力，转速是每分钟 8000 转。在路面行驶时，这辆长为 3.33 米、高为 1.22 米的小巧型日系车在发动机的轰鸣声中能达到 158 公里的最高时速。这款车有双座汽车和敞篷车两种车型，作为该品牌粉丝的福音，S800 也经常出现在连环画《斯皮鲁》（*Spirou*）和《幻想曲》(*Fantasio*) 中。但公众对这辆车的热情并没有长时间地持续。由于过于精雕细琢，在欧洲不太平整的路面上行驶后汽车保养有难度：保养费用高昂以及零件原件难以寻找。种种原因加速了这辆车从繁荣走向衰亡。由于该车超过了美国的尾气排放标准，这个日本品牌在美国人那里也不太受欢迎。

但对于本田来说，他并没有输掉整场游戏。通过 S800，他向公众展示的是他在汽车制造领域高超的技术和本领。

本田在摩托车行业的成功使其转而投身于汽车行业，并用这款长 3.34 米的精致小巧的 S800 车型敲开了欧洲的大门。这辆车可谓麻雀虽小五脏俱全，在引擎盖下装配的是 0.8 升发动机，其马力足以使该车担当运动型汽车的称号。

环形赛道上的皇后

哈德森这一汽车品牌创立于 1909 年，该品牌于 1948 年推出的超级 6 号受到了大众的瞩目。二战刚刚结束不久，尽管整个市场还不景气，但这款美国车仍然以极具现代感的外观和创新元素震撼了全场。该车车架所勾勒出的车身线条可谓精美绝伦。超级 6 号将底板纵向固定在车架上，其车身运用了齿轮转动减速的原理。这可以带来双重优势：一方面加强车辆的牢固性，更为重要的另一方面就是车的重心明显下移。这样一来就能够保证该车在路上行驶时有超凡的表现。工程师弗兰克・斯普林亲自操刀，他将在空军领域中积累的经验运用到哈德森身上，给这款车注入了全新的元素。流线型的轮廓加上超低的车身，使得该车成了超越时代的一项力作。虽然车身很低，但车座相对调高，驾驶者还是能够拥有十分广阔的视野，因此这款美国车被媒体大加赞赏。在原先 4.2 升的气缸变为 5 升后，1951 年这款超级 6 号更名为“霍尼特”(Hornet)。

尽管技术上存在争议，但该车仍然引起了马歇尔・蒂格的注意，后者曾是赛车界有名赛事纳斯卡汽车赛的冠军。蒂格驾驶着哈德森・霍尼特这款超级赛车，并和他身后的赛车团队一起为迎接赛事作着充分的准备。在这项典型的美国环线赛道速度汽车赛上。这款车以其极致的速度和优异的表现，包揽了从 1951 年到 1953 年的所有大奖。因其车身较低，驾驶该车时就像是贴在路面上行驶一般。而且哈德森也十分懂得把握商业机遇：在迪士尼的动画片《汽车总动员》中该车频频现身，这样聪明的做法使得哈德森一举成名。1954 年，哈德森与纳什合并后，其历史于 1957 年画上了句点。

固定在底座的超低底板使得哈德森超级 6 号比同时代车型的车身要低 30 厘米。因此，重心下移后的该车在路上的表现更加出色。

捷豹 ►XK120 | 考文垂的奇迹

捷豹玩的就是将现代元素发挥到极致，从 1948 年推出的 XK120 就可以看出这一点。全新的发动机、前所未有的线条、诱人的价格，这一车型很快成了运动车型中的翘楚。

有幸参观了 1948 年伦敦车展的人应当对捷豹 XK120 的惊艳亮相印象深刻。因为二战结束以后，遗留下来的都还是战前的车型，所以没有一辆车能像捷豹 XK120 这款运动车型那样使英国的汽车购买者眼前一亮。因此，当伦敦车展的看客们看到这辆车时，他们惊喜若狂，就像是看到了四轮机车发展的一道炫目阳光。捷豹的老板威廉・莱昂斯也是 XK120 的设计者，在制图过程中，他巧妙地融合了意大利图林车身制造商的灵巧和让－布加迪的大气，创造出了这辆超级汽车。那个年代的汽车后翼一般都是与车身分开的，而 XK120 采用的却是全包式单线条勾勒的车身，而且后车轮也被掩藏在以完美比例设计的车身下。

引擎盖下装置的 3.4 升全新 6 气缸是带给人们的另一惊喜，这也算得上是另一个福利吧。车前装置了双凸轮轴，这样的

结构在二战末期就开始流行了，迄今为止仍作为赛车装配技术被保留下来。新车在备受争议的同时，又十分具有吸引力。其原因在于相对其配置而言，该车开出的价格也是相当具有竞争力的。各位看客所不知的是：120 这个数字和字母 XK 结合在一起同样值得一提，当时该车创造了一个英国高速记录：每小时 120 英里，即时速 195 公里，这在当时可是一个十分惊人的数据。

就在人们还沉浸在该车带来的震惊中的时候，位于考文垂的工厂迎来了大批订单。但问题也接踵而至：莱昂斯起初远没有想到该车能获得如此成功，原先 XK120 的设计是在木质骨架上搭建全铝外壳，而且当时考虑的只是秘密发售，所以大量涌来的订单让他一时措手不及。因此，在时间有限的情况下，该车第一批仅生产了 124 辆。只有部分顾客有幸拿到这辆车，其中就包括演员克拉克·盖博。在开始建造全钢车身的车型后，1950 年这种供不应求的局面终于得到了解决。尤其可以看到，该车不仅以惊人的速度席卷美国，而且这一欧洲车型的魅力长盛不衰。美国的公路基本上都是宽阔的大路，所以捷豹 85% 的产品都越过大西洋被运至美国。由此，足可见该车在这一国度的受欢迎程度。

后来，双座车和敞篷车也加入了 XK120 的队列，并且命名为 XK120C 的车型还在勒芒 24 小时拉力赛中两次拔得头筹。此车型可谓该品牌的福音，1954 年 XK120 让位于 XK140，后者的引擎马力达到 190 匹。这辆优秀的 6 气缸汽车将品牌的神话一直延续到 1986 年。

野兽还是鲨鱼？

捷豹 C 的外形虽然与 XK120 十分相似，但其车架却非常特殊，1951 年和 1953 年，该车在勒芒 24 小时拉力赛中拔得头筹并取得了该品牌的首胜。除了这些胜利之外，C 型车最大的亮点在于采用了圆盘刹车系统，这也是使其在 1953 年取得胜利的法宝。

自 1954 年起，新款 D 型车问世，目标就是让威廉·莱昂斯钟爱的汽车品牌更上一个台阶。作为空气动力学的研究成果，该车在工程师马尔科姆·赛耶手中得以被精雕细琢。其独特之处在于其车脊，或者更准确地说是位于车后靠右的垂直尾翼，和驾驶员座椅的靠垫处在同一水平线上。D 型车紧跟胡安–曼努埃尔·凡焦所驾驶的法拉利 375，第二个冲过终点，它在 1955 年用角鲨一般的速度和敏捷的身姿征服了大众，此时的 D 型车已经将车头改造得更加尖锐并且加上了一个喷射式发动机。然而 1956 年这辆车的表现并不尽如人意，艾居里·埃克斯以一个私人汽车构建者的身份，决心让捷豹重拾曾经的辉煌。此时捷豹的工厂已经停止生产跑车，但这并未影响到艾居里·埃克斯。1957 年，他将 D 型车原来的 3.4 升气缸提高到 3.7 升，该车终于重振雄风。

后来，一款命名为 XKSS 的捷豹车型上市了，该车在考文垂高速车赛场上大获全胜。作为 D 型车的直系后代，XKSS 配置了减震器、挡风玻璃，并在翼端装配了可折叠的车顶篷。但在仅售出 17 辆之后，工厂里发生的一次火灾毁掉了一切，同时也给 XKSS 车型的生产画上了句号。

在运用了空气动力学原理之后，捷豹 D 型车的最高时速能达到 290 公里，这在勒芒 24 小时拉力赛笔直的长赛道上是十分有利的。

FSI®
Audi
di FSI® Power
14
7
40
6
OKVI
774RW

捷豹的顶峰

E型的出现标志着捷豹也开始制造大型汽车。第一批该型号汽车的驾驶舱内贴有金属护板，装载了计数器以及断路器，而且您不难发现这款漂亮的英国车有着无可比拟的巨型前车盖。

1948 年至 1961 年，从伦敦到日内瓦，这是一段不平静的历史。捷豹 D 型问世 13 年后，E 型的出现同样受到了热捧。这时威廉・莱昂斯已经在 1955 年成为了莱昂斯爵士，他带着自己的新款车再一次吸引了大众的眼球。从 C 到 D，再到辉煌的 XK，一路下来莱昂斯都是个优秀的经销者。而此次的 E 型车，也被命名为 XKE，一旦营销失败，公司将面临惨重的损失。但事实上，就像当年的 XK120 一样，捷豹 E 型车在设计方面又一次成了汽车制造业新的风尚标。

马尔科姆・赛耶曾是该品牌 C 型和 D 型的构造者，而同样由他一手操办的 E 型很明显是 20 世纪 50 年代出产的前两者的直系后裔。从技术上来说，该车采用的是硬壳式结构，汽车前部使用了管状金属网用以支撑发动机。自从投产之日，该车就有敞篷车型，同时为了保险起见也备有双座车车型。这款车的驾驶舱具有一种永恒的魅力：位于大型引擎盖后的巨大木质方向盘的周围有许多按钮和表盘，这就保证了该车在驾驶时有十分优异的表现。至于发动机方面，则与往常一样采用了 3.8 升 6 气缸，使得该车的最高时速可达到 240 公里，而这款完全自产的超级运动型汽车的售价却还不到当时其竞争对手法拉利和阿斯顿・马丁的一半……为了迎合当时的市场需求，在延长纵向轮距的基础上，该公司又生产出了 2+2 式的 E 型车，但其 4.2 升的 V12 发动机却违反了美国抗空气污染的法令。对于捷豹来说，如果一切重新开始则会付出巨大代价。公众渐渐地失去了对该车原有的热情，这款标志着莱昂斯顶峰时代的汽车，于 1974 年生产了 72 520 辆之后彻底停产。

GI 4×4车型

如果说二战中威利斯吉普的 GI 车型在行驶途中颠簸时，弹簧片发出的有节奏的声音像是在预示着什么，那就是它在宣告越野车即将填补汽车工业的市场空隙！

美国已预料到自己迟早要卷入到一场愈演愈烈的世界级战争中，所以在 1940 年 6 月就公布了严格的财政预案，敦促 135 家企业制造轻便的 4×4 汽车。这种车被要求装配机车轮胎，能载重 272 公斤，车身离地面 16 厘米，车轮距为 1.5 米。车身重量被限制在 590 公斤，这样即使是使用人力，也可以将其推动，这一切都是为了步兵的需要而制定的！就在开战前夕，该车延期生产。军人们对此事的态度十分严肃，他们命令一定要在 70 天内制造完成 75 辆车以用于军事检验，而最终仅有 49 辆车合格。在这个紧急关头，只有一位名为班唐的彪悍汽车制造商接下了这一任务，其手下年轻的工程师卡尔·普罗布斯特仅在 5 天之内就构思出了这辆未来吉普车的雏形！

但他们很快就发现美国的上流社会对这种拥有巨形车身的车型并不感冒。对班唐来说，稍微值得慰藉的是，他生产的这些车奠定了未来吉普车型的基础，也正是在这批原型的基础上，他完成了威利斯吉普车的构建。最后威利斯凭借着其 MB 车型占据了美国的汽车市场份额，并开始与福特对抗。在美国急需战争用车的情况下，威利斯证明了自己的生产能力；而福特也响应国家号召，在买下威利斯许可后生产出福特 GPW 吉普车。这种车型之所以叫“吉普”(Jeep), 实际上来自英语“General Purpose”的开头字母 G 和 P，意思就是该车“能满足一切需求”。另一个解释是，此名来自大力水手博培的爱犬，这是 1936 年由漫画家西嘉(Segar)创作的一个角色，是一只名叫“吉普”的尤金犬。这是一只滑稽好笑的小狗，经常可以隐身。而美国人惊奇地发现这种车型和这只小狗一样，也有可以隐身的优点！

福特和威利斯这两个制造商平分了市场份额，而区分福特与威利斯产品的方法就是在其福特生产的车辆上打上字母 F 的印记……这家底特律的公司还开发了一款水陆两栖用车，并将其命名为 GPA。1941 年至 1945 年，共有 64 万辆吉普生产出来，其中 36 万辆来自威利斯，28 万辆则由福特出品。前者在战后生产的主要是民用吉普车 CJ2A, 该车配备的一直是“陆路魔王”(Overland Go Devil) 2.1 升四汽缸的发动机，功率达 60 匹、转速每分钟为 3 820 转、最高时速能达到 105 公里。威利斯还在世界范围内出售其专利权。尤其值得一提的是 1953 年他在法国和霍奇基斯 (Hotchkiss) 品牌的合作。

尽管车身较重，超过一吨，但从乡村救护车到装甲车，吉普的用途十分广泛，适合在各种路面上行驶。可以说它用实力证明了一切。历史上，吉普车也是“自由”的代名词，尤其是 GI 车型呈现出来的画面：站在车上的人们，在愉快轻松的氛围中嚼着口香糖或吃着巧克力，不经意间总是显示出一种不羁的生活态度。

吉普车的历史本身就是一部小说。战时为军事而造的该车型，体现的是一种刚毅卓越的精神。

公牛的反击

科班出身的赛车工程师詹保罗·达拉、保罗·斯坦扎尼和鲍勃·瓦利亚赛一直以来，都梦想着说服费鲁吉欧·兰博基尼——这个当时对赛车丝毫不感兴趣的富有的意大利汽车制造商参与到汽车赛事中去。后者当时考虑的只是能够打破其对手法拉利在公众心目中的统治地位，并生产出一款性能优秀、表现一流且外形美观的高级车与之抗衡。其实，作为牵引车生产专家的兰博基尼一直想要报复一下法拉利，后者认为前者生产的农用机械一文不值，兰博基尼必须出声反驳这样的批评！

兰博基尼一直是法拉利强有力的对手。其“缪拉”车型是一群极具天赋的工程师努力的结果，从1966年诞生之日起，无论是其卓越的性能、外形设计还是其前卫的构思和理念，该车都激起了广泛的议论。

于是研发新车的计划被秘密展开，技术人员采用的都是赛场上最新总结的经验和成果。为了控制前后轮轴间距离以及有效地分布车身内的各处装置，3.9升的V12发动机被安装在车身中间偏后的位置，底盘则与镂空的薄钢板材质浮力箱焊接在了一起。与亚历克·伊斯哥尼斯（Alec Issigonis）迷你车型一样，该车的变速箱和差速箱都被安装在了发动机的下方，这么做就是为了使传动轴长短相等；还有叠放的三角形减震装置和螺旋形的弹簧也是专门定制的。1964年11月，该成品车被展示在费鲁吉欧·兰博基尼面前，他十分满意，当场拍板决定投产。但当时并没有把这辆车引进到赛车场上。

兰博基尼将新车外形设计的任务交给了“博通”(Bertone) 工艺美学设计工作室，年轻的马尔切洛·甘迪尼以极具灵气的作品取得了成功。他设计出来的这款新车就叫“缪拉”，这是一位著名的头牛驯养师的名字，即海明威笔下的唐·爱德华顿·缪拉。这款缪拉的表现同样万分出色，在V12尖锐的轰鸣声中，从每小时0公里加速到100公里仅用6秒半，这在当时可是非常了不起的记录。

1966年，该车在日内瓦车展上展出，引起了轩然大波，从此，兰博基尼在高端车中占有了一席之地。这款车的外形设计折射出一种纯粹的美，没有任何一件空气动力学的作品能够如此融洽地将两者结合：既有贴地的低线条，又能保证强劲的爆发力。还有车身后的散热装置也安装得恰到好处，它将车身上半部和下半部以美学的视角完美地结合在一起。

就在缪拉出现3年后，兰博基尼就将法拉利赶出了市场，在这次“公牛”与“立马”的对决中，前者完胜！1969年，缪拉S型问世；1971年，又出现了SV，这是一辆仅重1 245公斤的汽车，车上配备的是达到极致的385马力、转速可达每分钟7 850转的发动机。1966年至1971年间，这三款不同版本的缪拉跑车共售出763辆，之后便让位于卓越超群的康塔奇（Countach）车型。

攻击的角度

在缪拉出现 5 年后，兰博基尼打算推出一款新车来替换之前的这位大明星，于是造就了康塔奇 LP500 车型。为了取代缪拉，公司技术人员倾注了许多心血，旨在创造出一款极致的车型。著名的圣·阿加塔（Sant’Agata）研究室工作人员在詹保罗·达拉的引领下，将研究成果运用到汽车制造中。工程师们将汽车的各个零件完美地分散在各个部位。这次的设计便是将发动机安放在变速箱的纵向延长线上，以保证操纵装置顺利地与前两者连接。

在外观方面，马尔切洛·甘迪尼的设计师此次完全摒弃了以往的风格。要知道，康塔奇取自皮埃蒙特语，它的名字有“震惊和仰慕”的意思，主要用以表达当美丽的女人摇曳而过时众人的反应。就这样，一个全新的设计出炉了，出现在大众面前的是一款坚实且富有魅力的意大利车型：充满了梯形和折线元素的车身被设计出来；极具现代感的设计在 20 世纪 70 年代独成一派；全铝车身建造在十分坚固的管状结构车架上。

康塔奇于1971年面向大众，直到1974年才开始正式商业化出售，期间公司一直在不断完善该车。而安装一个4升375马力的V12经典款发动机绝对是不二选择。对于驾驶者来说，驾驶该车就跟蒸桑拿一样，所以当时必须在这辆车上配备有力的“纳加”（Naca）空气进气口，以便车身降温从而保证该车稳定运行。如此大的车身使得人们必须小心翼翼地在意大利的马路上行驶。而该公司又于1978年在车上安装了有些奇怪的双翼，这就是该车型的S款。于是，该车更增添了一丝恶魔的气质，同时也逐渐偏离了设计师甘迪尼原先对这辆车的定义。康塔奇投入市场后，费鲁吉欧·兰博基尼便将它转售给了一个瑞士集团，自己则重新回到牵引车制造领域中去。但他身后已经留下了汽车史上的一段传奇。

拥有极具未来感的线条和极具冲击感的设计的康塔奇是一款将工程师的梦想变为现实的车型。整车如同一头时刻充满戒备的野兽，而驾驶员身后的V12发动机的轰鸣声也证明了这一点。

一辆与众不同的兰博达

文森佐·蓝旗亚从小就痴迷于机械，在和他的同事兼朋友克罗迪奥·福戈林一道创立属于自己的品牌之前，他曾是菲亚特的试驾员。他们的信条是通过创新打造奢华高性能的汽车。从 1915 年开始着手进行的一系列研究使得蓝旗亚兰博达于 1922 年问世。

这台兰博达是世界上第一辆采用自承重科技的车。蓝旗亚在观察船体时得到的这一灵感使得传奇得以被书写。船体整体的紧凑性给蓝旗亚留下了十分深刻的印象，于是他决定将这点用于汽车制造中。

文森佐·蓝旗亚是其同名品牌的创始人，他在汽车史上被一致认为是一位创新者，极具现代感的蓝旗亚兰博达就是十分完美的例证。

除了车门和引擎盖外，其他部分都无一例外地追求着紧凑和协调，这是该款蓝旗亚最大的特点。而且这款兰博达还充满了别的创新元素，如前置独立的防震装置以及首次采用的 V 字形开角 13° 、2.1 升、49 马力，转速能达到每分钟 3250 转的 4 气缸发动机；传动轴不再装配于车底，而是贯穿了整个车身下壁，这样的设计降低了车身且更利于车辆的路上表现。

这辆都灵生产的小车以其高度的舒适和良好的性能证明了自身的优越性。尽管售价不菲，但 1922 年至 1931 年，生产的 6 个系列的兰博达还是获得了巨大的盈利。自承重的设计也带来了诸多争议，不过还是有很多著名的车身设计师找上门来，想为这款著名的兰博达设计车身。作为汽车创新者的先驱，蓝旗亚一直孜孜不倦地致力于将新元素注入汽车生产。1937 年，文森佐 · 蓝旗亚留下了这一孤品过早地离开了人世。

遵守传统

文森佐·蓝旗亚与世长辞，但以他名字命名的品牌却仍在续写传奇，并且保持着一贯创新和改革的风格。继 1937 年阿普拉亚（Aprilia）诞生后，二战后的 1950 年蓝旗亚奥拉莉亚问世。这是文森佐的儿子詹尼·蓝旗亚掌舵公司后的第一款产品。维托里奥·亚诺是 20 世纪 30 年代创造了阿尔法·罗密欧辉煌时代的人物，在他的支持下，新蓝旗亚在创新的道路上越走越远且亮点颇多。

亚诺很大程度上将努力放在了发动机的研发上，例如最早成批生产的 V6 发动机。这是一款 1.7 升轻质合金的发动机，其特点就是浓缩小巧。该车的另一个优势是将变速箱和汽车后桥连接在了一起，再加上将发动机安装在底架内部，使得整车的零件得以均匀地分配在各个部位。投入生产一年之后，在 B10 基础上，蓝旗亚公司的产品目录上又新增了双座 B20，与前者相比，后者的车架缩短了 20 厘米。此外，流畅而不加修饰的线条是皮宁法里纳的杰作，它体现的是一种十分罕见的优雅。该车装配的是建议使用在 B21 车身上的机械设备，容量为 2.4 升的气缸，马力可达 80 匹。1953 年，该车售出了 118 台，并改名为 B20 2500 GT。

这款小巧的蓝旗亚各项性能都非常均衡，而且在赛场上的表现也是可圈可点。在 1952 年的塔加·费罗里奥（Targa Florio）汽车赛上，该车一直处于前三甲的位置。1954 年蓝旗亚的奥拉莉亚 B24 推出了篷式轿车和敞篷车，它们依然保持着以往的特性。小众化的生产使得这两款车成为许多人的梦想车型。该品牌的创始人如果能够看到这样的成绩，应当是十分欣慰的。

该车优雅的线条出自皮宁法里纳之手。其实，奥拉莉亚的魅力远不止这些，许多创新元素都被加诸在这两种具有美丽斜边外袍的双座和篷式车型上。

这就是第一辆 SUV（运动型多用途汽车）。结合了优雅、魅力和舒适的这款 4×4 路虎揽胜车型开辟了汽车领域的新道路。

虽说路虎很早就有了将其品牌平民化的想法，但直到 1970 年我们才在路虎揽胜的身上看到这项计划的实现。从 20 世纪 50 年代开始，命名为路虎揽胜、介于四门轿车和 4×4 车型之间的雏形汽车差点遭受冷遇，后来才成为公司研究测试的对象。

20 世纪 60 年代这项研究得以继续，而且这个时候的美国市场越来越倾向于享乐主义风格。这辆 4×4 可长途行驶的汽车极具未来意识，于是很快占据了一席之地。这时路虎揽胜的优点在于舒适和持久的良好性能。当时这个英国汽车建造商尚不知该车的这些优势，但由于公司很早就开始构思运动型多用途概念车，所以它可称得上是该方面的先驱者。这款花花公子般的奢华越野车配备了 3.5 升全铝材质的 V8 发动机，其最先的版本是一种三门车，车身设计十分高调，而且在非赛道公路上的表现也十分优异。1981 年，揽胜又在原车身基础上增加了两扇门，但由于耗油太多开始有些滞销。1986 年他们修正了这个缺点，给销往欧洲市场的车型配备了 2.4 升的柴油发动机。同时，这个英国品牌并没有忘记其生产奢侈品的雄心壮志。后来的揽胜风行（Vogue）SE 款配备了空调和可开车顶，并且其座椅为康诺利（Connolly）真皮材质，于是，驾驶的舒适感立马得到了提升。

1994 年 P38 车型问世，它是在路虎经典款基础上的绝对创新，拥有全新的外观以及更大的发动机装置，而且直到 2002 年它都被不断地注入创新元素，包括船首图像的采用，以及流行风格的重新回归等。

莲花 ▶7号 | 风中少女

继在摩托车障碍检验赛和环形赛道汽车赛上取得胜利后，莲花这一品牌于 1956 年越过了英吉利海峡。在勒芒 24 小时拉力赛上，莲花 11 车型在发动机小于 1.1 升的参赛组中取得了总排名第七的好成绩。这样的成功使得这个刚刚成立四年的品牌迅速走红，其创建者安东民·柯林·布鲁斯·查普曼名字的四个首字母成了这个新生英国品牌标志的一部分。

柯林·查普曼最开始是空气动力学方面的工程师，之后成了一名业余驾驶员。他一开始做的就是改进那些已经存在的车型，例如奥斯汀 7 号，并试驾这些被修改过的车辆。继莲花工程公司后，1955 年查普曼成立了莲花汽车有限公司，从而得以批量生产汽车。该公司首先出厂的是 MK VI 车型，之后于 1957 年 7 月 31 日推出了莲花 7 号。这是一款无车顶，无车窗，介于微型赛车和单座赛车之间的小型车。这辆总重不到 600 公斤的双座车看上去并不时髦，其尾翼更像是应用了摩托车制造的技术，而且没有抓稳地面行驶的高性能。总之，这是一辆整体看上去风格十分朴素的汽车，但它还是引起了公众的兴趣。作为传统型运动汽车的直系后代，莲花 7 号在当时引起了轰动，它在直路和弯道上良好的表现展示出了其无可挑剔的魅力。

莲花 7 号开启了该品牌的福音之门，后来该公司又开始生产单座赛车。柯林·查普曼很快显示出他作为设计师的天赋。自 1963 年开始，他就和吉姆·克拉克联手，开始使莲花成为世界级品牌，并且一步步被载入汽车传奇史。自 1973 年由卡特汉姆操刀的莲花 7 号诞生，一直到该品牌成立 50 周年之际，该款车仍在生产，不得不说是一个奇迹！

为赛车而生的莲花7号让职业车手和汽车爱好者都能在驾驶时体验到风驰电掣般的乐趣。

莲花 ▶78 F1 | 风中少女

1973年末，莲花推出了一款新车。但当时车队内部的两名队员之间产生了矛盾，身为首席驾驶员的艾默森·菲蒂帕尔迪和瑞典驾驶员龙尼·彼得森并不合拍，而且后者也不服从整个车队的安排，所以最后赢得大奖的是世界赛车手行列中的佼佼者杰基·斯图尔特。在这一时期的赛季中，莲花没有丝毫收获，但很快就有了取代72的车型。在惨淡的三个月赛季内，莲花一直都在秘密准备着自己的新式武器。柯林·查普曼是这一新款的设计者，很久之前他就意识到，这辆新车必须良好地运用空气动力学的原理。在1968年第一次使用汽车尾翼之后，他又发现了“地面效应”，即在车身下方装配一个倒置的翼状设备，并且这位英国工程师很快就发现这样是十分可行的，这就好像是给这辆单座赛车装上了鲨鱼鱼鳍。在1976年的赛季中，该款车经过了测试，表现出良好的性能。此时莲花公司要做的就是守住这一创新性的科技成果。1977年的世界汽车赛上，这辆在英国诺福克郡赫瑟（Hethel）工厂生产的汽车拔得了头筹。

命名为莲花78的这辆单座赛车喷上了象征敏捷的黑色和金色，但该车一开始也存在着缺陷，那就是翕动的浮箱会受到穿过车子底部气流的影响。而用于F1的车辆底部必须要分开，这样才能使气流无阻碍地通过。这辆带侧翼赛车的优势在于它可以根据路面情况改变自身的外形：车速越快，它就越贴近地面。马里奥·安德烈蒂是驾驶员队伍中的黄金车手，他是这样描述这辆车的：“简直可以说，这辆车是贴合在地面上行驶的。”

在 1978 年的车赛中，人们还不太知道何为“地面效应”。在已经十分优秀的莲花 78 的基础上，安德烈蒂及其队友龙尼·彼得森驾驶着升级版莲花 79 一路过关斩将超越对手。该新款车由于线条更加细腻，从而对空气动力负开力的掌握更为到位。而功劳更大的当属已经在莲花 78 上试验过的一个成果，即在车身汽车侧缘可移动的浮箱上装毛刷，并用纤维材质填充车身两侧，这样在车下方便形成一个可以让空气无阻碍通过的渠道。于是在 F1 方程式中，赛车的速度得到了大大的提升，尤其是在弯道上。在比利时佐尔德（Zolder）的环形赛道上，莲花令人震撼的全新 79 最后赢得了两项大奖。马里奥·安德烈蒂在几个月后被公认为世界级赛车手中的佼佼者，但是这一喜悦很快就被一个噩耗冲淡：在随后的意大利大奖赛上，彼得森在严重的连环相撞中丧生。

1978 年莲花 79 号诞生。该车开“地面效应”的先河，柯林·查普曼设计的这辆车在马里奥·安德利的驾驶下获得了世界车赛的冠军。

赫瑟工厂里的精英

莲花汽车面临着即将消失于市场的威胁，但该品牌再次采用了其创始人柯林·查普曼曾经使用过的创新理念，最终使企业起死回生。1995 年末出现的莲花艾丽斯就是这样一款轻型、简单但运用了大量新科技的车型。

1994 年末的赫瑟工厂头顶可谓阴云堆积。当时莲花车的销量降至最低，而且战功显赫，曾在 F1 汽车方程式中获得过 7 项设计大奖和 79 次胜利的莲花车队也解散了，这令当时该品牌的粉丝十分痛苦。就在濒临倒闭的时候，公司得到了意大利人罗马诺的青睐，他也曾帮助过布加迪东山再起。这位意大利的工业家让莲花

公司重新运转起来，并推出了一款车身超轻的新型车。该车是莲花 7 号和莲花依兰（Elan）的直系后代，也是莲花出品的第 101 款汽车，它就是采用亚捷奥尼孙女名字命名的“艾丽斯”。

艾丽斯于 1995 年在法兰克福车展上首次露面，因其外形和高科技设备受到了一致好评。这个原英国汽车品牌通过采取一系列创新技术赢得了赌局。该车车架采用贴合板状结构，刹车则是铝合金材质。当时，一些毒舌的评论家说该车的牢固性很值得怀疑，而艾丽斯却正好相反，它是一款十分顽强的车型。其车身为玻璃纤维材质，车的中后方安置了一个 1.8 升的罗孚发动机。它的减震装置和赛车一样，驾驶者一坐入车内就会有一种喜悦感油然而生。当时的汽车都在打重量战，所以该车的设计者尽其所能减轻该车的重量，例如移除电子屏幕、空调、收音机和其他一些非必需的设备。艾丽斯的出世不但拯救了这个处在倒闭边缘的英国品牌，而且欧宝公司还向这个位于诺福克郡的品牌屡次提出让它以这款小型车为基础生产比赛用的汽车的请求。2001 年末，命名为艾丽斯 S2 的新车型再次证明其魅力并重新为莲花注入了活力。

运动美女

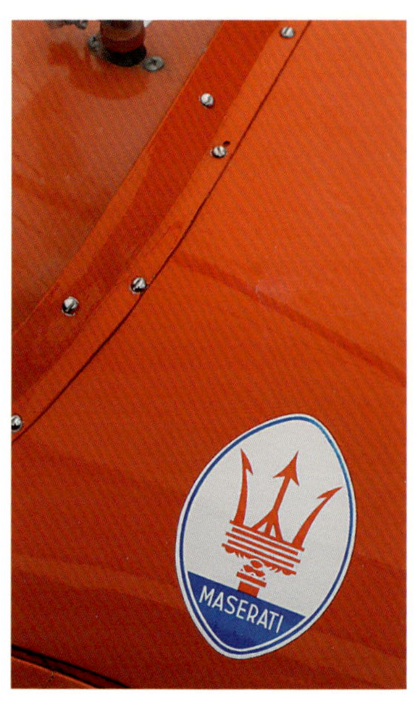

在七兄弟中排行老三的阿尔菲里·玛莎拉蒂于 1914 年创办了阿尔菲里·玛莎拉蒂集团公司，并准备专门为赛车生产出伊索塔－弗拉斯基尼（Isotta–Fraschini）车型。1926 年转换身份的他成了自家品牌的汽车设计师，蒂波（Tipo）26 便是其第一件作品，并被打上了著名的三叉戟印记。之后这个在阿尔卑斯山脉另一侧（即意大利）的汽车公司所生产出来的车辆包揽了汽车赛事的多项大奖，并受到众多顾客的追捧，从而获得了巨大的成功。阿尔菲里·玛莎拉蒂于 1932 年逝世，其公司由他的三个兄弟继续打理。5 年后，遇到财政困难的三人将公司卖给了奥尔西家族。尽管有合约在手，但是三兄弟还是很快失去了对该品牌的发言权，最终离开了公司。继赛车场上获得巨大成功之后，玛莎拉蒂开始着手生产一般公路用车，其中第一款便是于 1946 年诞生的 A6 车型。而运动车型 A6GCS 也在竞赛中取得了令人瞩目的成绩，由于装在散热器护栏上的大车灯，该车在一众赛车中能够很容易被辨认出来。

1950 年，世界级车赛拉开帷幕，但玛莎拉蒂却在赛场上惨败给阿尔法·罗密欧，后来又输在法拉利手上。奥尔西家族决定反击，于是聘请了工程师吉奥奇诺·哥伦布，后者也是 F1 方程式上不可战胜的阿尔法塔车型的设计者。哥伦布尽最大努力使这个品牌的汽车重塑威望，制造出全新

就在所有顶级品牌都在弯道赛场上证明自己魅力的时候，玛莎拉蒂于 1953 年携运动车型 A6GCS 强势回归，且不久后就在一级方程式的赛场上证明了其能力。

的 A6GCS 车型。这辆配备了 2 升 170 马力气缸的运动车型在 1953 年米勒・米格拉赛场上拔得头筹，从此证明了自身的能力，并且使该品牌的胜利一直延续到 1955 年。这款光芒四射的运动车型后来被范图兹设计成了篷式汽车并生产了 48 辆。同时皮宁法里纳构思的四款卓越的双座车同样值得颂赞，无论在赛场的弯道上，还是在优雅车型的竞赛中，我们都能一睹其英姿。

如此接近苍穹

4.7 米长纯正血统的玛莎拉蒂吉卜力属于前端装载发动机的豪华车型中最经典的款式之一。该车在 V8 发动机的轰鸣声中跑满 100 公里耗油为 30 升。

玛莎拉蒂这个品牌从来都不指望凭借大批量销售生产的汽车而存活。无论是在其创始人阿尔菲里·玛莎拉蒂掌舵的时期，还是后来的奥尔西家族管理时期，这一点都是无可否认的。后者于 1941 年将这个品牌的生产重新放在了莫登城（Modène）。在该城生产出来的第一批产品便是于 1966 年问世的“沙漠之风”——吉卜力，它遗传了用于赛车的前辈们的优良基因，并且具有惊人的爆发力。V8 发动机是整车的灵魂，它也是为美国大奖赛而准备的。这个庞然大物的车头置有四根凸轮轴，并安装了 4.7 升 340 马力的发动机，其最高速度可达每小时 248 公里。

机械部分敲定之后，车架部分则是源自“墨西哥”（Mexico）车型的缩减版，整个车架缩短了 9 厘米。这辆四座车的外形由车身设计工作室吉亚（Ghia）精心打造，最后由年轻的设计师焦尔杰蒂·乔治亚罗完成，他后来成立了以自己名字命名的著名工作室。他的这款大作在 1966 年都灵车展中展示在世人面前，公众和媒体以极大的热情赞扬了这辆车身比例和外形都堪称完美的新车。吉卜力应该算得上是玛莎拉蒂路上表现最完美的一款车型，而且也是车前装载发动机的双座车中最漂亮的一款。该车的大马力是之前的几款车不能比拟的，它收到的美誉全部归功于乔治亚罗的设计：这款豪华版玛莎拉蒂未用到任何空气动力学方面的成果，其前车灯是可以折叠的……总之，该车收到的全是赞美，而车内高端的配置和奢华的车身更是为它加分不少。

与高速转动的独立前轮不同，该车后轮的转动相对缓和，而前后轮之间是坚实的轮轴和片装弹簧。尽管耗油量巨大，但对于这样一款极尽奢华的汽车，我们并不能苛责太多，而且在当时一升汽油的价格也并没有多贵。因此，顾客们也没有如此挑剔，订单很快纷至沓来。就连小亨利·福特也十分急切地盼望得到这辆漂亮的吉卜力。而对该车的过分热情使生产商也遇到了难题：他们一天只能生产 3 至 4 辆车，而仅 1969 年的需求量就达到了 2700 辆。后来，该车又增加了篷式轿车的新款式。

玛莎拉蒂吉卜力在享受各种赞扬的同时，很快就迎来了两位不可小觑的竞争者，那就是兰博基尼的缪拉和法拉利的迪通拿，这两款车几乎是同时诞生的。于是，吉卜力的SS款出现了，其马力高达355匹，也因此在同前两者的竞争中，吉卜力才没有败下阵来。但竞争是残酷的，尤其是与两款同样十分出色的车型在传奇的汽车赛场上一道比拼……

马自达漂亮的一招

马自达对其回转发动机充满了信心，这家日本汽车制造商一直致力于发展新的科技，而双座车 RX7 的成功使一切努力得到了应有的回报。

将菲利·汪克尔博士的尖端技术收入囊中的马自达采取了和德国品牌 NSU 不一样的做法，那就是采用回旋式活塞。经过多年实验之后，日本人不但掌握了让这一机械变得更加牢固耐用的窍门，而且同时还能从中获取强劲的动力。命名为 RX7 的新款马自达的优势之一，便是集灵活和力量于一身。这款新车最先出现在美国，其功率高达 135 马力。虽然耗油较多，但在一个石油价格十分低廉的国家，汽车有些耗油也不是什么明显的缺点。马自达这时候要做的，就是与已经靠 240Z 打开美国市场的尼桑争夺市场份额。结果，马自达赢了。民众对这款采用了一体式机械构造、低车头的欧式双座车兴趣很大，而且 RX7 的售价比其竞争对手尼桑 280Z 和保时捷 924 明显便宜很多。于是该车很快占据了大西洋外围的市场，在日本本土它也迎来了大批订单。原本预计每月生产 4000 辆车，但这个数字早就不能满足市场的需求，于是在当时一些该款车的二手车甚至比新车卖得还贵！

回旋发动机的使用让 RX7 表现优异，其性能堪称完美。马自达凭借这辆车赢得了赌局，同时也实现了自己的第二个目标，即在海外市场重塑汪克尔科技往日的光辉形象。第一批 RX7 于 1985 年停产，此前一共生产了 50 万辆。该车在 1991 年勒芒 24 小时拉力赛中的精彩表现也为马自达赢得了不朽的荣誉。

创下各类纪录的跑车

在敞篷跑车一度过时的形势下，马自达米亚达MX5重获好评。到如今该车已经发展到第三代，这是一辆各方面表现都十分出色的小巧日本车。

名爵 B 型、凯旋野火、莲花依兰，这些都是著名的双门四轮轿式跑车。20 世纪 60 年代，整个欧洲尤其是英国都成功地生产出了大量此类车型。随后的 20 年里，由于受到环境和安全标准的要求，这些传奇式的车型逐渐销声匿迹。而在日本，双座跑车再现生机。这种类型的跑车最初是为美国消费者而设计的，他们数十年来始终对来自英国的运动型跑车喜爱有加。

拥护和尊重汽车传统的设计师们在 1989 年 2 月的芝加哥车展上，展示了他们名为米亚达但实为马自达系列的新作品，希望借它向赫赫有名的莲花依兰天才设计师柯林·查普曼致敬。米亚达整体呈圆形，而且它可拆卸的头灯设计也似乎在十分可爱地眨眼微笑。该款日系跑车融合了魅力非凡的外表和优秀的路上表现，可以说米亚达的出现为黯淡的汽车行业带来了一缕阳光。它的驾驶座位较低，短小的变速杆触手可及，驾驶者可以根据自身情况调整最佳驾驶位置，因此所有的赛车手都对这款马自达米亚达赞叹不已。该车稳定系数高，装备了高质量的前驱动轮和后驱动轮，这种完美的重力分布提高了整车的性能。

当马自达重新推出双门四轮轿式跑车的时候，无论是在美洲还是在欧洲，该车型所带来的经济效益都是惊人的。此后，该车型重新被多个制造商青睐。2006 年，MX5 推出了第三个系列，新加入的成员是一款优雅的双门四轮敞篷跑车，该车在 2007 年初打破了 80 万辆的生产记录。

赛车中的精华

迈凯轮和奔驰的联合，让前者的底盘工艺和后者的发动机装置完美结合，从而诞生了迈凯轮 F1 GTR 这一传奇般的超级跑车。

1998 年，在意大利大奖赛的次日，多年来雄霸 F1 赛场的迈凯轮车队成员朗恩·丹尼斯、曼苏尔·欧杰、戈登·默拉里、克赖顿·布朗与尼基·劳达、阿兰·普罗斯特、艾尔顿·塞纳一起出现在了米兰机场。由于航班延误，他们滞留在机场，只有靠闲聊来打发时间，话题自然一下子就落到了汽车身上。话题之一就是，在取得了这么多辉煌的战绩之后，哪些是迈凯轮未来可能需要注意的方面和可能遇到的挑战？一番假设之后，共同的观点产生了，像之前其他众多赛车品牌一样，那就是一定要打造出属于迈凯轮自己的赛车。但这不仅仅是制造一辆简单的汽车，而是要研发出独一无二的装配，简而言之就是要打造一辆超级赛车！对于才华横溢的设计师戈登·默拉里来说，这是一个绝好的机会。在设计了多款在大奖赛中获胜的单座赛车之后，他想要实现自己儿时的梦想——设计一款自己想要的赛车。1989 年，迈凯轮汽车有限公司成立，在英国沃克的自家车队所在地的对面，专门建造了工厂以打造新的赛车。

这一分厂指定戈登·默拉里设计赛车，按照迈凯轮的预想，它应该是一辆独一无二的赛车。在与当时车队的马达制造合作商本田公司商谈之后，默拉里最终还是选择了他熟悉的宝马公司为其新款车型制造马达。因为在 1983 年的 F1 赛季，迈凯轮曾与宝马共同分享过布拉汉姆车队获得世界冠军时的喜悦。德国人制造的机械给他留下了深刻的印象，那是一台 6 升气缸且拥有 610 马力的发动机。安置在发动机下面的是一个六倍变速箱，它可以最大限度地降低车子的重心。一层金质薄膜很好地隔离了发动机的热力。在设计中，为了便于驾驶，该车没有装置涡轮增压机，只有一套先进的阀动分配装置，由曼苏尔·欧杰集团下的 TAG 电子公司设计的计算机操控。而曼苏尔·欧杰也是朗恩·丹尼斯旗下的迈凯轮公司的一名长期股东。从侧身到底部，默拉里让此车做到了极致完美。F1 GTR 的车身框架完全由混合纤维和碳制造，并且两种材质达到了浑然一体的效果，这样在承受汽车本身重量的同时又能给驾驶员提供舒适的驾驶体验。一切都经过了研究探讨，就连汽车上的小工具箱都是钛制的！至于驾驶舱，设计师的创新之处是装配了三张并列的斗形座椅，为了防止过于拥挤，三张座椅稍微有些重叠。中间的位置是预留给驾驶员的，换句话说，应该是留给赛车手的，有了这张前倾座椅，赛车手就可以获得最佳的视野。

伴随着车身背后 V12 的金属般嗓音发出的嘶哑轰鸣声，乘客已做好准备，他们的感官冲激将被不断放大，直到极致。F1 GTR 的最高时速可达 386 公里，每分钟的转数为 800 转。当时在一千米的距离内将车速从 0 提升到每小时 100 公里的用时记录还停留在 20 秒，而该车的用时仅为三秒半！从 1994 年开始，售价为一百万美元的这款迈凯轮跑车获得了行家的一致好评，在当时被认为是高性能汽车的巅峰之作。因此，F1 GTR 迫不及待地奔向跑道，它太想在世界级的汽车赛场上证明自己的能力了。果然它创造了奇迹，尤其是在 1995 年的勒芒 24 小时耐力赛中，它战胜了各大耐力赛的高手。迈凯轮的 5 辆英式高性能跑车叱咤全场，梦想成为现实的戈登·默拉里和朗恩·丹尼斯再次得到了认可。为了庆祝这一盛事，这一英国制造商在 1996 年推出了 5 辆 LM 样车，它们在原来的设计上将汽车重量减轻了 80 公斤，并加大发动机的功率。喷着木瓜黄油漆的这 5 辆车使当年这一品牌的创立者 —— 来自新西兰的布鲁斯·迈凯轮 ——获得了空前的成功和声誉。如果在平时的行驶中，我们可以用比最好更厉害的评语来评价迈凯轮品牌的表现；那么，面对众多赛车生产商生产的高级赛车，迈凯轮仍将自己的车投入到赛场，这显得原来的那些评价是那么的苍白无力。该系列最后的作品产于 1997 年，为了将最高时速提高到 380 公里，此款高性能跑车采用了加长型车身。和以往的版本不同，经过改良后的 GTR 做出了更适合比赛的改变，尤其是加入了间歇式变速箱。

尽管原来计划生产 300 辆高价格跑车，但在 1993 年至 1998 年，这个英国品牌只生产了 107 辆，其中适用于普通道路行驶的有 72 辆，参与赛事的有 28 辆，还有 7 辆作为展品展出。F1 GTR 也给一些著名的商界大老板带来了幸福的感觉，仅文莱苏丹一人就买下了 5 辆。除了这些销售数据，更重要的是迈凯轮为汽车行业留下了一件非比寻常的作品，并通过这件珍宝级的作品向世人展示了其在技术方面的品质和能力。

性能和荣耀

整个 20 世纪 20 年代是属于梅赛德斯 S、SS 和 SSK 系列的十年，这些优秀的运动车型在各项赛事中表现出众，梅赛德斯计划继续坚持这条发展道路。1932 年，为了捍卫品牌的知名度，同时也为了支持希特勒关于德意志工业产品品质的宣传，梅赛德斯在 380S 的基础上展开了对 500K 的研究。在后者参加汽车大奖赛的同时，政府也毫不犹豫地插手干涉，要求梅赛德斯不再生产并不十分坚固的纯运动型跑车，而要生产高性能的豪华型汽车。

于是，这一星级品牌在 1934 年推出了最新款的 500K 汽车，该款汽车装配了 5 升 8 气缸发动机，在发动机的上面还安装了一个可与之分开的压缩

梅赛德斯更倾向于打造声誉而不是生产运动型跑车，其梅赛德斯 500 和 540K 两款车型属于豪华型汽车，其镀铬部件和品牌标志突出了该品牌世代相传的特征。

机。这一创意来自于赫尔曼·阿伦斯设计工作室。作为一名声名赫赫的敞篷跑车设计师，赫尔曼·阿伦斯为打造这一款车型立下了汗马功劳，并赋予了该车巨大的美学效果。整个车型呈现出流畅的曲线型，与前后嵌入呈流线型的镀铬侧翼相得益彰。挡风玻璃呈 V 字形，轮圈的侧面设计也堪称完美。在技术方面，尽管有独立的悬挂减震装置，500K 仍属于传统车型，它的缺点就是车身偏重。为了拉近与布加迪 57 车型的差距，梅赛德斯决定在 1936 年推出 540K 车型，其 8 个气缸的总容积超过了 5.4 升。当时流行采用 120 马力的发动机，而梅赛德斯的产品在压缩机的控制下，可达到 180 马力，从而最高时速可达 170 公里；四倍变速箱可以使该车的速度在不打开离合器的情况下也能超过其前辈。直到第二次世界大战开始，这一款特别的 540K 总共生产了 444 辆。

梅赛德斯 ▶F1 W196 | 金箭和银箭

1954 年，在世界方程式冠军赛第五季的前夕，大赛公布了新的规则。这次重新洗牌给参赛者提供了两种选择，那就是采用机械大气压的 2.5 升发动机和气压制动的 0.75 升发动机。从 1939 年起开始缺席大奖赛的梅赛德斯一直耐心地打造一个专门的参赛部门，准备以原有的星级赛车系列为基础研发新车，从而日后能以最高水平回归比赛。

然而，德国人直到 F1 冠军赛第四站的法国大奖赛才出现在赛场上。W196 一出现在兰斯的赛车跑道上就震惊了全场。它包裹严实的低车身仿佛把比赛带到了另外一个年代。为了最大可能地减轻汽车内部以及驾驶室的压力，该车将传动管放在偏右位置，而且使用了 8 气缸的直喷式发动机。发动机在运转时只会产生轻微的振幅。凭借 W196 系列，

20 世纪 30 年代，忧心忡忡的梅赛德斯想要借 1954 年的 F1 世界冠军争霸赛强势回归。1955 年，胡安－曼努埃尔·凡焦驾驶着该品牌的 W196 赛车获得了 F1 世界冠军，这是一款放弃了梅赛德斯一贯坚持的龙骨状轮胎的赛车。

胡安－曼努埃尔·凡焦和卡尔·克林一上场就两次获得了胜利。

经过测试的流线型车型飞驰在兰斯笔直的仿佛没有尽头的赛道上，在当时这一车型因银色的金属车身而被人们称为“银箭”，时速可达 270 公里。然而在赛场之外，驾驶员坦言在驾驶中仍存在困难。于是，在梅赛德斯工程师们孜孜不倦的努力之下，终于推出了一款将轮胎置于车壳外的新车型。此款车型一经推出就大获成功。这一改进使得凡焦成了世界顶级赛车手。自 1955 年起，凡焦就将各项胜利收入囊中，这些成功为他赢得了赛车界新王者头衔。然而一起悲惨的事故发生在了勒芒赛场：皮埃尔·勒文格驾驶着梅赛德斯 300SLR 冲出赛道，造成了 88 人死亡。从此，梅赛德斯不再参加汽车赛事，只留下了 W196 这一几乎不可战胜的品牌神话。

重回巅峰

梅赛德斯 300SL 的历史听起来就像一个童话故事。无论是在塔加·费罗里奥汽车赛道上，或是在好莱坞的大街上，还是在从胡诺迪艾尔到勒芒的笔直赛道上，这辆梅赛德斯的招牌车型所到之处无不所向披靡。它第一次创造佳绩是在 1952 年，当时为了对阵传统高速赛车品牌，梅赛德斯竞赛部门推出了这一运动车型。尽管轮胎沿用了 300 系列的配置，但底盘却是全新的，其底座由轻薄而坚固的管状金属网构成。出于对 SL 坚固性的考虑，该品牌设计师还为这辆车设计了著名的蝴蝶型车门。由于门槛增高，该款梅赛德斯赛车驾驶起来并不是那么容易，但是斯图加特出品的这款车还是创造了奇迹，它将卡雷拉·泛美（Carrera Panamericana）汽车赛和勒芒 24 小时耐力赛的冠军奖杯都收入了囊中。

由于担心太过重视 F1 比赛会影响公司的发展，斯图加特分公司宣布 300SL 退出比赛。但是此车流线型的车身还是吸引了梅赛德斯的美国进口商马克斯·霍夫曼。在对市场进行研究之后，他说服了总公司生产 300SL 系列，并当即订购了 1000 辆直接来自赛车版的该车。在 1954 年的纽约车展上该车重获新生，其引擎盖的下面装载着赫赫有名的 2.9 升的 6 气缸“博世”（Bosch）发动机，动力可达 240 马力，这些强大的配置使 SL 远远超过了两年前的那些赛车。强大的机械动力也使得 300SL

成了世界上最快的汽车，最高时速可达240 公里。该车唯一美中不足的就是后车身和前车身的协调性不够好。

从 1957 年开始，这一问题得到了解决，该车型总共卖出了 1400 辆。此后，出现的是该车的加长型版本。再见啦，大名鼎鼎的蝴蝶门！新车型加宽了车身前部，后面则采用了铰接轴（也被称为低轴头）技术。同时改变的还包括降低的两个半轴之间的连接点以及横向安置的缓冲器。

在 20 世纪 50 年代后期，300SL 得到了一致好评，只要是目睹过该车风采的人都梦想着能够得到它。该车车身线条流畅且贴近地面，这样就要求其发动机必须呈 50 度倾斜状态，而这优美的线条正是设计师们劳动的成果。尽管车身散热性能一般，但梅赛德斯 300SL 仍值得信赖，称得上同时代汽车的成功典范。直到 1963 年，该车型又生产了 800 多台，同年，该车型停产。但在随后的整整十年时间里，这款传奇般的 300SL 一直给人们留下了深刻的印象。

在赛车领域取得骄人成绩后，梅赛德斯 300SL 于 1954 年投入生产并重获新生，其著名的蝴蝶车门缔造了该品牌的神话。

梅赛德斯 ▸280SL | 传奇宝塔

在轿式汽车和赛车两个领域，梅赛德斯 300SL 和 190SL 成功地反击了来自英国和意大利的产品。此后，梅赛德斯决定推出一款现代化的车型，其价格定位在早先的两款车型之间，略高于 190SL。为此，190SL 的 4 汽缸要被替换成 2.2 升的 6 气缸。新车型由法国设计师保罗 · 布拉克负责，其设计的关键在于要面临一项明显的挑战，那就是在设计中加入可拆卸的车顶。这使得 SL 一下子从运动型汽车转换成轿式汽车或敞篷车。

富有创造精神的布拉克和梅赛德斯设计中心完美地完成了这项棘手的任务，他们将事先规划的同品牌 W113 车型变身为 230SL 车型。车身和车顶的独特设计使得这款德国车型成了传奇。其偏直而扁平的线条与塔状的车顶完美地结合在一起，加上精美的立柱以及镀铬的保险杠，整个车型看上去十分优雅。滑动顶盖使得该车的空间容量增大，从而增加了车内的采光度。该车正面的散热器护栏上装饰有星形图案，灯罩下的前车灯也特别引人注目。

定价昂贵的 SL 自 1963 年问世以来便大获成功，这一切都归功于斯图加特汽车生产厂家的良好形象。1966 年底，梅赛德斯推出了 2.5 升单汽缸的 250SL，而 1968 年 1 月，又推出了 2.7 升、170 马力的 280SL，它更偏向于豪华汽车而非运动车型。直到 1971 年，这款优雅的车型才结束了它光辉的汽车生涯。

要摒弃 190SL 和 300SL 车型的丰满线条着实不是一件容易的事情，而梅赛德斯通过 230SL、250SL 和 280SL 成功地做到了这一点，而这一切主要归功于保罗 · 布拉克的设计。

RUE 406F

A加B 缔造的成功

英国向来以多而著称，这无疑破坏了无数敞篷车的魅力，而这款简约甚至是质朴的名爵 B 型车却征服了将近 40 万购买者。

英国生产商素来以生产小型汽车而闻名，在 20 世纪 50 年代准备生产出属于自己的双座敞篷汽车。与二战前运动型的精英汽车不同，这种汽车在价格上更容易为大众接受。因此许多生产商都在石油危机到来之前积极地加入了这一汽车生产的高峰。自 1950 年以来，从事汽车制造的人数大幅增加，莫里斯车库也加入其中。该车库成立于 1924 年，因其 TC 和 A 型车而知名并得到认可。

1962 年底，名爵 B 型车问世。与它一开始打出的口号“您的母亲也许不会中意它”正好相反，该车的购买群体比它的前任——产于 1955 年的名爵 A 型车——更为广泛……对于小巧运动车型的生产商来说，美国曾经是一片乐土，他们在这里卖出了大部分产品。然而 20 世纪 60 年代初，安全意识在美国得到了重视，于是，延续了品牌运动精神的 B 型车被设计得更加豪华且安全。展示在公众面前的是一款极其文明的车型，该车具有硬壳式机身，安装有 1.8 升、92 马力的发动机。该车内部设计得极为朴素，在它的后翼上安装了两块小的垂直定风翼，从而使该车原本分明而僵硬的线条变得柔和了不少。1956 年该系列又加入了一款双座小轿车车型，该车型因其高安全性和低廉的价格备受好评，并打破了当时的销售记录。

在宝马和英国利兰（British Leyland）的左右夹击中，名爵逐渐迷失了方向。它痴迷于美国市场，试图改装其品牌的销售冠军车型以适应北美洲标准。于是，塑料保险杠代替了镀铬保险杠，汽车车身被加高，但是在严格的环境保护条令面前，该车的发展可谓举步维艰。不过，这些限制性条令并没有阻碍 B 型车取得成功。直到 1981 年，该车型才被凯旋 (Triumph)TR7 代替。在此之前，共有 512 000 位买家订购了他们心仪的名爵 B 型车。

“Z”式运作

最早尼桑 240Z 只在日本市场销售，然而事实并非如此，该车早就打开了国际市场，尤其是美国市场。只不过日本生产商们将它改名为达特桑（Datsun）240Z，专门用于出口。利用捷豹 E 型、凯旋、名爵 B 型以及其他老品牌车型所留下的缺口，达特桑追寻这些已成名汽车品牌的脚步，准备设计出一款运动车型。这款车先是由宝马 507 的设计者阿尔布雷希特・格茨设计，后来又由尼桑设计中心的设计师负责。该车的设计灵感分别来自一些大师级的设计，如捷豹 E 型车、保时捷 911 以及福特野马等。最后该车果然取得了惊人的成绩，引领了当时的时代潮流。

该车具有无可比拟的性价比，因此它所取得的成功完全超出了想象。1969 年 9 月，240Z 车型在美国正式发布，一个月后此车型才在日本正式问世。尽管对自身充满了信心，并且生产速度比原来预计的提高了五倍，但在十年时间内，制造商一直难以应付超过 50 万辆的订单！不管怎样，Z 型车所取得的成功对于不断想要打造完美车型的尼桑来说是应得的。尽管该车的很多机械元素来自本品牌的其他车型，但设计者一直致力于更加深入的研究，尤其是对该车的蓝鸟系列发动机的改进，即用两个气缸的发动机代替原来的 2.4 升单气缸、151 马力的发动机。

尼桑达特桑还不惜让 240Z 远赴非洲，参加可怕的非洲越野拉力赛。该项赛事向来以残酷著称，然而尼桑却取得了两次胜利，为这个日系汽车品牌赢得了声誉，该品牌也因其 Z 型车而闻名于世。

继欧洲运动车型大获成功之后，日系车在美国市场也大受欢迎，尤其是优雅的尼桑 240Z 车型。

帕卡德 ▶双6 | V12的荣耀

作为一家小型电子产品厂的厂长，詹姆斯·沃德·帕卡德对于19世纪末出现的不用马力而以压力为动力的汽车非常感兴趣。1897年，富于创造精神和有求知欲的帕卡德在温顿的帮助下，制造了自己的第一辆汽车。起初这个定居于俄亥俄州的美国人对自己所取得的成就非常自豪，但是要取得最后的胜利着实不易。尤其是技术方面，这辆车在行驶过程中遇到了一连串的问题。处于绝望中的帕卡德非常恼火，温顿的话更是火上浇油，"造一辆车，我看您自己一个人就够啦"。但帕卡德还是决定投身于汽车事业中，受到德·迪翁·布东作品的启发，帕卡德及其兄弟一起打造的作品成了第一届纽约车展上最耀眼的明星之一。洛克菲勒家族当场就买下了展览中该品牌2/3的汽车。因此媒体开始称赞这些汽车的制作工艺和质量。面对一个想要了解更多信息的顾客的提问时，帕卡德回答道:"应该去问那些有过一件杰出作品的人。"这句话后来成了该品牌的商业宣传标语。后来，帕卡德兄弟转让了手中所持有的公司股权，随后公司迁到了底特律。从此该公司成为多项革新的源头。尤其是在1915年，设计师们将两部6气缸的机器合二为一，生产出了汽车历史上第一辆V12。

帕卡德V12，也被称为双6，就这样诞生了。它的气缸容量为6.9升，功率为88马力。这项独一无二的技术使得帕卡德完全迈入了同时代汽车制造的传奇行列。尤其是1916年，该品牌生产的3 603辆该系列的汽车全部采用12气缸发动机。而且，由于安装了全新的曲轴平衡系统，这款漂亮的汽车几乎做到了整个车身在行驶过程中没有一丝颤动。

在20世纪的前十年，汽车发生了巨大的变化。以帕卡德为例，该品牌在结合了V6两款车型之后，又推出了首款V12双6车型。

西班牙人的企图

毕加索野心勃勃的计划最后以失败告终。然而因为有了Z102，这一西班牙品牌在世界高性能汽车遗产中留下了光辉的一笔，上图就是图林为其设计的高性能汽车样本。

没有一点点征兆显示毕加索品牌有能力打造出高性能的汽车，因为在此之前，它只是一家生产卡车的小型工厂。不过，西班牙国家运输公司（Enasa）倒是乐于接受这一挑战。尽管人们起初会对它的动机感到震惊，但一些先兆已经向我们证明了这一选择的正确性。

事实上，在西班牙的人们从来没有忘记过伊斯帕诺–西扎的神奇作品，而毕加索工厂就坐落在已经离世的西扎事业起步的地方。在这种背景下，该品牌计划制造出世界上最优秀的高性能汽车。

一个名叫里卡德的人与众不同，愿意成为这项计划的发起者。他曾与恩佐·法拉利一起在意大利接受培训，并在第二次世界大战结束后不久回到了毕加索公司。他主要负责弗朗哥政府的指派，并且给予有财政支持的汽车制造商技术上的指导，旨在通过生产工业运输工具，参与国家重建。但是里卡德还有其他野心，以开发想象力为名，里卡德告知培训中心，他要亲自负责这款著名的高性能跑车的开发。在1951年巴黎车展上，Z102问世。尽管该车厚重的线条没有激发人们过多的热情，但它整体的创新感还是让人印象深刻。事实上，Z102由先进全铝材质的V8带动，顶部有两个呈90度角的凹轮轴，功率为170马力，容量为2.8升。车架的设计是该车最大的亮点，它使得该款毕加索车成为世界上性能最优越的汽车。来自图林工作室精雕细刻的车身设计，更使该款毕加索车价值不菲。但是，极小的发行量以及赛场上的一无所获，使得西班牙国家运输公司的负责人不得不作出让毕加索Z102逐渐退出历史舞台的决定。但是，幻影般的此车无疑创造了一段短暂却精彩的历史。

标致 ▶401日食 | 闪光的创意

标致时髦的敞篷车车型由来已久，它的历史可以追溯到 1935 年，乔治斯·波林将标致 401 车型打造成一款敞篷车，并将这辆车命名为“日食”。

1996 年，梅赛德斯重新将可折叠车篷用在了新发布的 SLK 车型上，从而使如今的敞篷车成了一种趋势。但这一发明的源头还需追溯到 20 世纪 50 年代，那时的福特公司将这项技术运用在富兰克林 (Fairlane Skyliner) 车型的身上。

身为牙科医生的乔治斯·波林是一名汽车发烧友，在空余时间里，他喜欢涂涂画画，除了具备真正的艺术天赋外，波林还具有创新精神。就像他的作品证实的那样，他发明了可折叠车篷，这就避免了由美国制造商设计的顶棚或可拆卸滑动顶盖带来的不便。操作可折叠顶棚的方法就是建造一个杠杆系统，使之作用于缓冲绳，在短短几秒钟之内，车身顶棚便可以翻转到车厢，反之，打开顶棚的原理也是如此。1934 年，在车身设计师马塞尔·普尔图的协助下，该项技术在一款潘哈德汽车上实验成功。于是，他们提交了一项被命名为“日食”的专利。1935 年，波林与标致合作，标致 401 日食车型诞生了，这是汽车历史上 401 系列的第一款车型。随后，又诞生了 402 日食车型。这款车某些功能要依赖电力操纵系统实现。不过，出于对安全性的考虑和对手动系统的保护，日食系列最终还是退出了历史舞台。

波林灵巧的新发明不仅运用在这些敞篷车型上，同时也运用到了一些轿式车型上。乔治斯·波林成了一名专职设计师。几年之后，他通过设计著名的标致达尔马特（Darl Mat）302 和 402 车型再次向人们展示了其天赋。这些车在 1937 年和 1938 年的勒芒 24 小时耐力赛中大放光彩。

标致 ►504 非洲拉力赛上的优异表现

第一款标致的销售量超过了一百万台。404 更担负了一项艰巨的任务，那就是直面革新的超级雪铁龙 DS 的挑战。继它们之后，在 1968 年巴黎车展上展出的 504 则遵循了该品牌严谨坚固的价值理念，要知道严谨的态度才是提高品质的必要条件。该款车的气缸容量在符合标准的前提下提升到 1.6 升到 1.8 升之间。与它的“小妹妹”204 前轴驱动汽车不同，504 保持了后置驱动的装配。而坚守传统的标致也没能抵抗住当时的潮流，把车门安装在了车的尾部。

坚不可摧的 504 为标致品牌树立了严谨及高安全性的形象，它在非洲大陆激烈的汽车拉力赛中所取得的成功更进一步深化了这一形象。

在 1969 年汽车大奖赛获胜之后，504 受到了媒体的盛赞。于是 504 相继展出了该系列的其他车型，如轿车及敞篷车型，其中不乏让人惊叹的作品。首先是大放异彩的轿车，这要归功于皮宁法里纳。该车打破了前期车型相似度极高的传统，以完全不同的面貌展现在人们眼前。504 原来的宽厚线条及有名的梯形大灯逐渐被摒弃，整体设计显得更加简约优雅，例如车厢被缩短了。当时该系列的每一款汽车都采用了相同的发动机，从 1970 年开始，该车型装配了 2.0 升汽化型或喷射式发动机。直到 1974 年，才出现了著名的 2.7 升 V6 PRV 发动机，它仅被用于双门轿车或敞篷汽车上。

恰到好处地发布该系列不同车型的同时，公司也向注重舒适度和安全性能的顾客群推出了厢式小汽车和小型载重汽车，这些汽车的上面都自豪地竖立着一头来自索肖的雄狮（即标致的标志）。该系列汽车凭借其在非洲拉力赛上的优异表现成功地强化了品牌，还打开了出口市场，它的系列产品出口量达到了 368 万台。1983 年，504 首先在欧洲停产，直到 2005 年，才在尼日利亚全面停产，这种各地区停产时间不同的情况在车辆生产领域是十分普遍的。

肌肉与橡胶

与精致的欧洲产品不同，美国厂商更愿意生产大马力跑车。比如在纳斯卡的全球汽车赛上，就聚集了大批体形庞大的大功率跑车。这一理念在 20 世纪 60 年代初期占了上风，也是在此时美国开始大力推广大马力汽车，那就是他们将产品中功率最大的发动机安装在传统跑车里。通用汽车公司的庞蒂亚克 · 坦佩斯特首开先河，他在中型汽车引擎盖下巧妙地安装了 5.3 升 V8 发动机，随后换成了 6.4 升发动机，最后又改成了一台巨大的 7.4 升发动机。在汽车加速赛上，坦佩斯特的这款跑车所向披靡。然而通用汽车公司的管理层却不愿意该车参加比赛，想要放弃对该车更好性能的追求，于是该车只能转到地下秘密发展。谁知短短数月内，该车竟然迎来了 34 000 名买家。情况突然峰回路转，管理部门采取了默认的态度。谁让这一款新车型为庞蒂亚克吸引了一大批追求感官享受的年轻消费者呢？领导层实在没有理由放弃这款有着可用于竞赛的强大引擎同时又兼具美感的新车型。之后，无数美国汽车生产厂家纷纷效仿庞蒂亚克的做法，福特也根据相同的理念开发了野马车型。显然后者的体型更加小巧。

如果从对石油危机、安全性能和环境保护的考量出发，这些车在政策上来说都是不符合规范的。更不要说庞蒂亚克在 1969 年推出的 350 马力的 GTO 终极版，该车型有一个好听并且引人联想的名字，那就是“审判官”(The Judge)。

“肌肉型汽车”这一称号非常适合庞蒂亚克 GTO，在它看似平静的外壳之下，隐藏着烈火般的发动机。

在创造出356车型14年之后，保时捷研究室展示了其最初的356计划。可以说356的诞生是一个大事件，因为它是保时捷第一台以其创始人姓名命名的汽车。传奇仍在继续。

1934年费迪南德·保时捷这一多产的工程师创建自己的研究室时，他已有数部作品在手。继20世纪20年代参与设计了传奇般的梅赛德斯S,SS,SSK之后，他又负责起平民汽车理念的推广工作，并于1937年推出了大众甲壳虫车系。

356车型是第一台以他的名字保时捷命名的汽车。其实早在一战爆发前，费迪南德就已经设计了一款适用于比赛的车型。1948年，他的儿子费里让这一设计变成了现实。由于经费问题，不管是发动机还是后倾结构，保时捷工作室的356计划都采用了甲壳虫车型的众多元素。从1948年到1949年，在保时捷重回斯图加特之前，其位于奥地利的格穆德工厂一共生产了50多辆铝质车身的汽车。此后，其车身一直采用钢结构。

尽管356系列的初始车型相对而言并不太起眼，但第一款保时捷一经推出，就以其无与伦比的敏捷性征服了众多的汽车爱好者。尽管它的小气缸容量仅为1.0升，功率为40马力，但356却为驾驶者带来了惊人的驾驶体验。它的名气很快越过了大西洋，从此美国成了这家德国汽车制造商的重要市场。

起初该车的线条还比较丰满，后来经历了A、B、C三个不同系列车型的演变，再加上受到同时存在的保时捷小型轿车和敞篷车的影响，该车的线条逐渐演变得更加平直和优美。至于发动机方面，我们也注意到了一些变化，那就是不断增加的容量，最后达到了1.5升90马力的顶点。在获得专利的传动装置和金属圈变速箱的共同配合下，该车达到了完美的功率要求。1965年初，在生产了76303辆之后，保时捷356让位给了未来的传奇车型911。

天赋的传承

对于汽车制造商来说，还有什么比让他重新发明创造更为艰难的呢？1956年，保时捷领导层第一次给自己提出这个棘手的问题。356作为该品牌的一次尝试，已大获成功，是时候想想企业后续的发展道路了。

保时捷需要的是一辆能够超越其前部作品、具有更高效能的汽车，而前部作品的缺点在于它的四个小气缸以及过于效仿传奇王朝第一代产品的技术，也就是费迪南德·保时捷所设计的甲壳虫车型。于是，有关T7计划的制定和研究工作交到了费迪南德·亚历山大·保时捷的手中，他也被称为“巴特泽”，是费迪南德的孙子、费里的儿子。在这样一个极具汽车设计天赋的家庭里，费里于1948年设计出了著名的保时捷356。当时关于机车设计的争论在品牌管理层内部如火如荼地展开，凭着敏锐的商业嗅觉，费里放弃了双门四座汽车而采用了 2+2 模式，因为在当时与汽车制造业的巨头梅赛德斯及其伙伴进行正面冲突实在是徒劳无益……这次的新款车后部被缩短，采用了斜背式设计，而前车翼更加突出，这一切都成了巴特泽代表性的标志。

在 1963 年的法兰克福车展上，新款保时捷 901 受到了公众和观察家们的热烈欢迎。保时捷命名的时候和标致公司不一样，他用三个数字来命名这款车并以零作为中间数字，从而显示该车型独一无二的特点。带着无可复制的车型以及著名的靠空气冷却悬伸的 6 汽 2.0 升发动机，901 的升级版——911 产生了。车厢内精细的做工于细节之处体现了该车的高品质；此外，该车的内部空间也得到了改善，并且添加了实用的悬挂减震装置。一切都表现出了保时捷品牌精进的制造水准。

尽管在成长初期有一些不足，但是该车型的最后一款，符合它无限延长交付期所期待的结果。和 356 车型一样，保时捷也开始寻求 911 的改变，于是有了产生于 1967 年的 S 型号。它代表着这个德国制造商迈出了投身汽车竞赛的第一步。得到所有人承认的 911 是第一台配备了著名的德国福斯（Fuchs）五分支轻合金轮胎的车型。这一车型日后将会在路上和专用赛车跑道上创造奇迹，这也证实了保时捷家族具有热衷比赛的基因。对于寻求感官刺

传奇般的 911 给保时捷带来了长达 45 年之久的荣耀。这一系列中的车型一辆比一辆更吸引人，并将保时捷的品牌价值越抬越高，如今的 911 已经成为汽车收藏者最珍爱的车型。

激的汽车爱好者来说，驾驶此车可让他们得到极大的满足。归功于发动机向后悬伸的传动装置，车在转弯时其后轮可以最大限度地侧滑。不过，随着 1972 年传奇般的 2.7 升卡雷拉 (Carrera)RS 车型的诞生，保时捷进入了一个新的时期。由于之前在赛场上进展不顺，这个德国制造商以最完美的方式作出了彻底的革新。保时捷带着功率达 210 马力的新作上场，一场无情的较量在赛场上拉开了帷幕。尽管卡雷拉外表朴素，但它却卖得极好，让原来只生产 500 台的保时捷的产量足足增加了两倍。

在 911 投入市场满十年的时候，为了更好地符合新的安全、环保和舒适的标准，该车型做出了改变，尤其是在保时捷一直重视的美国市场上。911 的第二代车型名为 930，因其与车身线条融为一体的保险杠以及安装的喷射式发动机和汽化器，从而使其更加引人注目。我们不能得出斯图加特工厂出产的汽车完全符合尾气排放标准的结论，但是事实证明 1974 年末出现的涡轮增压发动机 911 正好恰恰相反，完全符合了标准。保时捷的技术在一些竞赛上得到了检验，尤其是在勒芒 24 小时耐力赛卡雷拉 RSR 取得排名第二的成绩上。保时捷在不改变汽车外观的前提下，改进了技术，使引擎盖下的涡轮增压机功率达到了 269 马力。具有雕塑般外形的车翼衬得赛道更为宽阔，并且加强了汽车的稳定性，同时，车身后巨大的后翼也使得这一庞然大物更具备攻击性。尽管受到了 1973 年石油危机的影响，保时捷的订单还是增加了很多，这使得公司又重新开始考虑其产品的目标人群，这已经是该品牌的一种习惯。

20 世纪 70 年代末，阴云开始笼罩在保时捷 911 车型上空。当时的管理部门盲目地接受了发动机前置的建议，并明确宣布 911 即将退出历史舞台。但是费里・保时捷这位汽车神殿的捍卫者并没有听取这些言论，在公司股东的帮助下，他决定振兴这款 15 年来一直与意大利最优秀的汽车正面对抗的车型。1983 年的 2.0 升卡雷拉 3 便是 911 回归计划推出的第一件武器。在后来的卡雷拉 4 身上，我们看到了产品更新到第三代之前的 964 的四轮驱动装置，而这一灵感来自于著名的 959。值得一提的是，它曾在巴黎 – 达喀尔汽车拉力赛上获得过成功。目前的问题不再是考虑 911 以后的命运，而是要不懈地努力去革新这一著名的德国品牌。在品牌成立 30 周年的庆典上，保时捷终于迎来了第四代车型 993，它将保时捷品牌从难以避免被转卖的命运中拯救回来。

保时捷通过 911 所取得的胜利是彻底的。911 在其初始版本基础上将汽缸容量增大了一倍，功率增大了两倍，保时捷成了全球盈利最多的汽车公司，这得感谢装备了水冷却系统的 996 以及 2004 年发布的 997。在铸就了汽车梦想四十年后，911 成了一段不朽的传奇。

雷诺AG也会拥有神话般的地位，这是当时人们始料未及的。这一受到了巴黎出租车公司高度评价的体形庞大的汽车在马恩河畔改写了历史。

要想将雷诺与巴黎这座城市分开，那是不可能的。理由有如下两点：一来，1905年雷诺推出的单排座敞篷车将司机置于露天而将乘客保护在车篷下，于是这一车型迅速地吸引了法国首都巴黎的出租车公司的目光，它逐步代替了原来的出租马车；二来，欧洲市场的订单纷纷涌来，于是这款身长3.6米的小巧AG在1907年有了小小的变化，那就是将发动机的容量变成了1.2升。该车型于1910年停产，那时巴黎大部分出租车都换成了雷诺，只因为该品牌结实耐用的良好口碑。

然而，此时还不是夸奖雷诺的时候。1914年9月，战前的紧张气氛笼罩着巴黎。法国军队在巴黎城门外拒绝投降，加里埃尼将军与第四军的霞飞将军将共同组织反攻，他们需要不惜一切代价将援军送到马恩河前线：一方面由于冯·卢克纳尔将军已经向巴黎靠近；另一方面则是为了与洛林赶来的法国军队会合。如此一来，预计需要在莫城和南特伊勒奥杜安之间运输一万两千名士兵，而之前计划好的火车只能运输一半。

最终，将军决定征调巴黎的出租车。9月7日晚，600辆出租车聚集在一起，其中大部分为雷诺AG。它们采用轮换制度，每车运载5个士兵另加物资。因为这一行动在晚上进行，为了不引起怀疑，所有的车灯都熄灭了。被重振了士气的法国军队震惊的德国人不得不撤退。巴黎得救了，紧接着是无休止的壕堑战。这一神奇的事迹使得雷诺AG成了参与战争行动的第一批车，也永远地成了传奇。

魔法师的足迹

外形普通，却有着不同寻常的防雾灯，雷诺和戈尔迪尼打算将这款平庸无奇的 R8 打造成真正的赛车。

最近几十年来戈尔迪尼在全世界赛车场上一直是一个响当当的名字。继菲亚特和西姆卡之后，阿梅德·戈尔迪尼决定为汽车一级方程式和二级方程式生产自己的单座赛车。但由于经费不足，被亲切地称为魔法师的戈尔迪尼只得退出赛场。从 1957 年开始，他和雷诺有了密切的联系，开发出了多芬娜（Dauphine）运动车型。后来该车改名为 1093。

从 1962 年开始，雷诺的历史发展进程开始加快，就在这一年新发布的雷诺 8 取代了有名的多芬娜。没有任何迹象预示这款新车会有美好的未来，其立体的线条给人更多的是实用感而不是专业感。但是公司已计划生产同款运动车型，并将最高时速由原来的 135 公里提高到 155 公里。阿梅德·戈尔迪尼对这一次的冒险有着十足的把握并很快在公司内部付诸行动。梅杰（Major）版汽车 1.1 升的 4 气缸被罩上了半球形的铅气缸罩，并配备 V 字形的阀门；由于采用了双汽化器，大量空气得以循环回到顶部。已取得的成绩让雷诺倍受鼓舞。在进行大批量生产之前，公司又花了很长时间去反复确认所有的技术选择。1964 年展出的戈尔迪尼 R8 引起了轰动。该车为 90 马力，最高时速可达 175 公里。它散热器护栅上的四个大灯，以法国赛车标志色蓝色为底色的车身，以及与驾驶员位置呈同一轴线的白色双条纹，给了驾驶者夺取胜利的欲望。而此时，以马特拉为代表的法国运动车系也正在复兴。1966 年上市的 1.3 升版本的新车无疑为法国运动车型的复兴打了一剂强心针，而全新的戈尔迪尼 R8 车型更是为它在赛车群中无数次倒扭方向盘的华丽举动点燃了战火！但后来由于前驱动汽车兴起，使得 R8 在 1970 年不得不让位于新出炉的 R12。

雷诺 ▶RS01 F1赛车 | 茶壶向您致敬

20 世纪 70 年代，国际汽车联盟为 F1 世界锦标赛提供了一个建议：用 1.5 升的涡轮增压机代替原来的 3 升大气发动机。这个建议在当时被认为是不可实现的，只有作为顶级赛车制造商的雷诺决定迎接挑战。1977 年 5 月，雷诺运动车型 RS01 出现在广告上。两个月之后，该车首次驶向英国大奖赛的赛场。传统的车架并没有什么问题，其轮胎是由 F1 赛场上的新手轮胎制造商米其林提供的，这也没有问题，但是该车的发动机装置就没那么简单了。小小的 V6 增压机并没有调整好，这迫使工程师贝尔纳和他的团队必须不间断地工作。他们一个一个地检查零件以确保发动机的安全。在驾驶时，驾驶员让 – 皮埃尔・雅布耶也同样面临困境，他需要花很长时间去适应涡轮增压机突然产生的动力，而且赛车在疾驰时，这种动力会减小，但在曲折的赛道上又会突然增大。这实在让皮埃尔抓狂，他仿佛正在进行一场驯服野牛的表演，最终他放弃了比赛。而他所驾驶的这款车在这次的英国赛场上得到了一个绰号——“黄色茶壶”。但是技术主管弗朗索瓦・卡斯坦以及手下的工作人员并没有气馁。当时，装配了涡轮发动机的雷诺赛车在 1978 年的勒芒赛场上取得了胜利，并且在美国沃特金斯・格伦赛场上取得了第四名的好成绩。赛车中心的技师们最终克服了涡轮发动机给汽车带来的困扰，甚至克服了车辆在热学层面上的缺陷，于是一切改革变得容易起来，最终诞生了雷诺运动车型 RS01。1979 年，热内・阿尔诺和雅布耶联手，他们在实验时驾驶的是 RS01，比赛时用的却是 RS10，然而最终他们还是在法国大奖赛上大获全胜。

1977 年英国大奖赛的赛场上可谓风起云涌。雷诺派出了装有涡轮增压机的赛车参加了这次比赛，历史千百次地证明了此次选择的正确性。

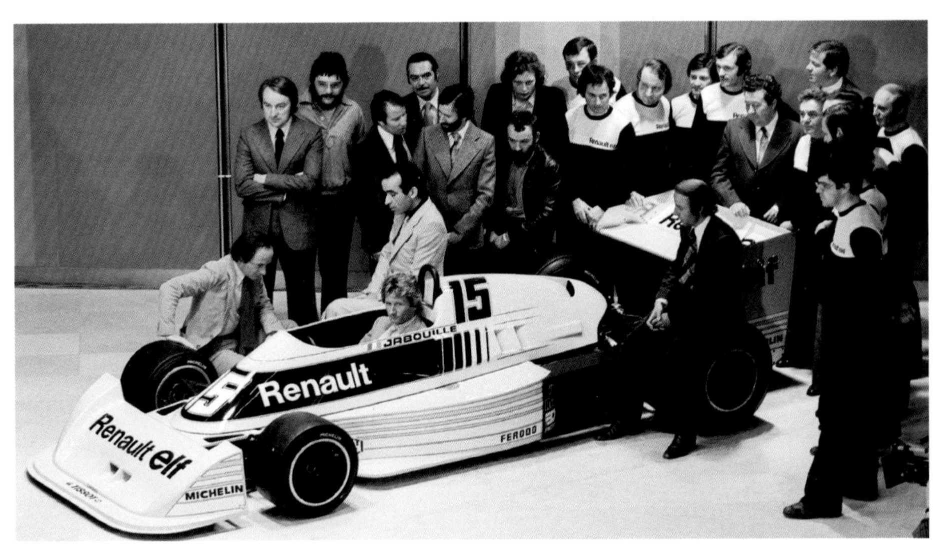

15
JABOUILLE
Renault
Renault elf
MICHELIN
FERODO

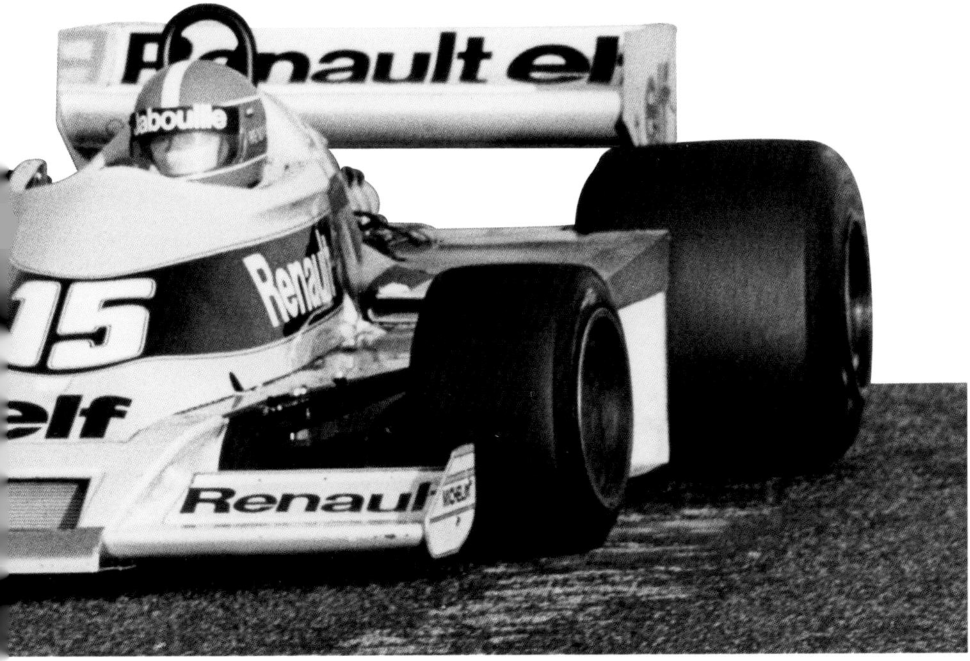
Jabouille
Renault
15
elf

马特拉的梦想由雷诺来实现

马特拉的董事长菲利普·盖东用了三年时间考虑是否继续他的公司。1982 年 12 月，他决定孤注一掷，将一项名为 P23 的计划展示给了雷诺。由于受到美国厢式轿车的灵感启发，图纸展示了一种全新理念的车型，这是一款完全为雷诺设计的更具娱乐性的车型。与拒绝了此项计划的标致和雪铁龙高层不同，雷诺的董事长贝尔纳·阿农热情地采纳了马特拉团队开发出来的这一创新理念。双方正式达成协议，准备在 1984 年的春天推出一款全新的车型。

P23 计划中的车型外表得到了雷诺设计中心的修改，同时该车的潜在实用性也得到了巧妙的开发。

马特拉单座的理念在被标致和雪铁龙摒弃之后，终于在雷诺空间这款车型上有了用武之地。这是一次大胆的博弈，但最后却赢得异常成功，一个全新的汽车款式就这样诞生了。

利用该车的超低车身，雷诺和马特拉采用了 7 座车的理念，其中后面的 5 个座位可以很轻松地拆卸。马特拉位于罗莫朗坦的工厂开始制造这一被命名为“空间”的新车型。1984 年 4 月，该车展示在媒体面前。它大胆的设计理念，大容量、玻璃纤维的车身，高性能以及无与伦比的技术无不让人感到震惊。此外，该车的座位被抬高，这就给乘客带来了一种前所未有的安全感。

树立了汽车行业新标的这一车型一开始就改变了消费者的喜好，他们从前都是大量地购买市面上的单座车，而雷诺则喊出了“汽车用于生活”的最美口号。另一个值得称赞的方面就是，除了一些美国品牌之外，其他品牌需要好几年才能达到雷诺的这一水平。在产品发展过程中，雷诺不断地扩充空间——车的长度由 4.25 米加长到 4.66 米，从而又推出了加长版车型。在该车型投入市场的 20 年内，其销售量超过了 100 万台，而雷诺更是在 2002 年推出了该车型的第四阶段产品。

可爱的幽灵

与戈特利布·戴姆勒和卡尔·奔驰的情况不同，因为他们在公司合并之前从未见过面，而查理·劳斯和亨利·莱斯的命运却在1906年就紧密地联系在了一起。在此之前，莱斯于1902年推出了自己装配的10马力双气缸发动机汽车。与亨利见面后，劳斯被莱斯汽车的质量所折服，于是他们决定联手。他们都对当时的汽车业颇感失望，于是决定有效地利用财力，凭借对汽车的完美品位制造出享有盛誉的汽车。

1907年他们推出了以40和50马力为样本的第一款汽车。车身的设计交给了设计师帕克。他创造出来的第13辆车的车身设计尤为独特，被称为“比利时国王”。其特点是采用了银色清漆。这是从一种贵重金属里直接提取出来的。这一特殊的创意使

高贵的40和50马力的银色幽灵连续生产了20多年，该车已成为安全、静音、性能和舒适方面的绝对参考标准。

得该车成了第一辆被称为“银色幽灵”的汽车，这个称号极好地表现了劳斯莱斯品牌的特点。追求完美达到强迫症程度的亨利·莱斯，想要消除汽车上的一切小震动和噪音等缺点。这位传奇的汽车制造商，如同手中拿着听诊器的医生一样，不断消除那些最小的金属杂音。当汽车确实消除了杂音后，这款银色幽灵汽车让我们联想到了悄无声息的真正幽灵。

为了使机械操作趋于完美，劳斯公司的设计者们花了大量时间研究该车的发动机，他们采用了容量为 7.0 升的 6 气缸发动机，每 3 个气缸为一个整体，用 7 个托架承载着曲轴。他们还减小了发动机的体积，并在发动机两侧安装安全阀门以减少噪音和振动。在追求完美的同时，劳斯和莱斯还想为消费者提供一辆绝对安全的汽车。为此，该车的设计工程师克洛德·约翰逊做了无数次极其严苛的道路测试。

劳斯和莱斯对完成的作品十分自豪。他们现在要将这款传奇般的银色幽灵汽车交到这个世界的大人物手中——国王、上流社会的人、大使以及明星（那时候还被称为秀场明星），他们都对这一车型在路面行驶时难以置信的舒适感十分满意。作为该品牌的唯一车型，它迅速赢得了“世界上最好汽车”的头衔。该车持久耐用，于 1914 年至 1918 年，其 40 和 50 马力的版本在上路行驶之前还光荣地为英国军队服役。1920 年，该车装配了极为革新的电子起动机，从而将驾驶者从复杂棘手的手柄启动程序中解救了出来。在劳斯莱斯极富魅力的大型高级轿车垄断市场长达 15 年之后，劳斯决定推出一款更为现代且制造成本更低的车型。于是，在 1925 年诞生了幽灵一号（Phantom I）。此外，在推出该款车型之后，该品牌认为借用其前辈的名号是非常有用的手段，于是，将原来的 40 和 50 马力的汽车全部正式改名为“银色幽灵”。

劳斯莱斯 ▸银云 | 高贵使然

在十二层油漆和厚重的铬的保护下，劳斯莱斯银云让乘客沉醉在 V8 的温柔以及皮质座椅的柔软中。

诞生于 1955 年的劳斯莱斯银云可能是汽车史上最后一件不朽的珍品。该车体现的是传统与古典之美。1938 年，该车首次采用了 6 气缸发动机；而其技术上的选择就像为鼓挑选制动器一样，它想做到的就是让汽车发出的噪音比唱片制动器发出的声音还要小；其车身高度保证了乘客在任何情况下戴着高顶帽坐在车内也不会被碰到！最后，该车采用的是分离型车身。此后，银云完全让位给了它的后继者 ——

采用了单座技术的银影（Silver Shadow）。

成了金融、房地产和工业大亨专属坐骑的银云是当之无愧的豪华车型。该车装配了名为“狂喜之情”的世界上最好的散热系统。人们哪怕驾驶劳斯莱斯汽车长达五个小时，也只会感觉到远离了世俗的变迁，而时间就像长河一般在身边静静地流淌。尽管乘客可使用的空间不是很大，但珍贵实木和厚重真皮同样能让乘客获得满意的感官享受。时速 100 公里耗油量为 25 升，这只是一个平均数值，因为在城市驾驶时该车的耗油量可多出 10 升。当时，顾客要在预订的 3 个月后才能拿到这款银云汽车。这是因为技术人员需要在这段时间里近乎纯手工地将覆盖在车上的 12 层油漆抛光。

受到美国条令的影响，银云也需要做出革新。于是该车又采用了新型 6.2 升的 V8 发动机，其最大功率到底可以达到多少，至今仍是一个谜。但英国制造者打造的马力已经足够强大。在外形上，前方的 4 个大灯和低置的散热器护栏为整个车型带来了一些现代气息。要知道，“现代”一词在劳斯莱斯制造商口中可是一个谨慎的词语。在不断变革的社会背景下，银云最终因不合时宜于 1965 年停产。

在城市交通高峰时刻穿行的精灵

尽管精灵一路走来跌跌撞撞，但其倡导的城市汽车理念是成功的，而且也是一次有趣的赌博。

创造一辆斯沃琪汽车（Swatchmobile）的理念来自于著名手表品牌斯沃琪的创始人尼古拉斯·海耶克。在钟表行业取得巨大成功后，他将目光转向新车型的开发，即一款可以运用最具革新精神的出租模式的城市汽车。这款汽车在驱动方式上也是先锋，其电子发动机安装在了车轮之上。他向几家制造商展示该车理念，均以失败告终。虽然大众公司一度被该项创意吸引，但随后大众又觉得太过冒险而解除了合约。最后戴姆勒－奔驰集团同意合作，海耶克持有该微型车 49% 的股权。几经修改后，这款精灵两座车型最终于 1998 年问世。不过，被我们称为城市汽车的该车型并没有海耶克想象的那样具有革新性，他本人也于同年退出了公司。然而，这一车型实际上为我们解决了很多难题。首先，它使用的是 0.59 升的 3 气缸发动机，还装有一个涡轮增压机，这个升压装置使得精灵具有强劲的加速能力。其次，它的变速箱共有三档，但每一档都有两个选择，这就给驾驶者提供了 6 种速度选择。最后，车身采取的尺寸是民意调查的结果，结果显示城市车辆的平均容量为 1.2 人，所以该车只提供了两个座位和一个后备厢，总长度不超过 2.5 米。这样的设计使该车被称为“只为两人准备”(For Two), 并且只需很小的地方就能停车。

精灵说不上取得了成功，这种局面促使其设计者又有了将它改造成双门四座汽车和敞篷汽车的想法。在精灵推出九年后，这辆双座车为了攻下美国市场做出了巨大改变，比如将车身加长了 19 厘米，并提高了发动机装置的性能。

世爵 ►C8 | 来自荷兰的惊喜

荷兰品牌世爵在 1925 年消失之前曾在汽车和航空领域创造过历史奇迹，该品牌标志上轧制的螺旋桨图案便是其辉煌过去的见证。20 世纪 90 年代中叶，工程师马尔滕·德·布鲁金在奥迪设计的车型的基础上，构思出一款新车，这再次点燃了打造该品牌汽车的热情。商业律师麦格雷戈与纺织厂所有人维克托·马勒的相识，使世爵这个品牌重获新生，两人也获得了该名称的使用权。

在 2000 年伯明翰车展上，世爵展出了两人的首件作品 C8。这款漂亮的荷兰车的质量得到了大大的提升。全车为铝质车身，并且车身为纯手工打造。仪表板堪称杰作，护板也是由经过抛光的铝精制而成。该车表现出来的是新古典主义甚至是

自 1925 年消失之后，这家荷兰世爵公司携其世爵 C8 又华丽地回归豪华汽车市场。

巴洛克风格。再加上康诺利皮质座椅以及两个同系列的收纳箱，都让人感受到奢华和精致。不需要说别的，单是该车的刹车和方向掌控就给驾驶者带来了极致愉悦的享受。

后来，C8 又迎来了它的同伴 C8 紫罗兰（Violette），该名字来自前世爵公司一位比利时工程师的名字。该款车的车顶为玻璃材质，车身十分小巧，只有 4.05 米。可以说，它是拥有 450 马力、4.2 升容量气缸的奥迪 V8 的浓缩版。该车的最高时速可达 300 公里，这使得 C8 也成了超级汽车中的一员。由于不为大众所熟知，世爵便以参加竞赛作为传播手段。C8 参加了各项汽车竞赛，尤其参加了多次勒芒 24 小时拉力赛。该车获得的一些奖项使团队的付出终于得到了回报，随后团队又毫不犹豫地参加了 F1 方程式 2007 赛季的比赛。一个重建不到十年的小公司竟然走过了如此丰富的路程！

新的使命

雷蒙德·罗维是各式设计的先驱者，其最初的设计就呈现出多元化的特点，如英国石油集团（BP）标志、壳牌石油（Shell）标志以及美国好彩香烟（Lucky Strike）的烟盒。这位工业设计领域的天才设计师的作品甚至还包括太空实验室轨道空间站以及协和式飞机的机舱。当然不得不提的是，飞机上曾使用过的多格餐盘也是他设计的，如今这些餐盘已成为真正的收藏品。

斯蒂庞克公司从 1913 年开始制造汽车，二战结束后该品牌迫切需要重振雄风。1933 年该公司曾差点破产，但通过广泛推广自己的车型，公司又重获生机。再者，为找到不同于大众汽车的亮点，这一美国汽车制造商找到了著名的工业设计师雷蒙德·罗维。后者于 20 世纪 40 年代开始了与该品牌的合作，他为该品牌一款名为“冠军”（Champion）的车型设计了全景式后窗，并将该车的车头设计成涡轮的形状。

非凡却又不为人知的史蒂倍克星际线指挥官车型的创新线条出自著名设计师雷蒙德·罗维之手，他的其他作品同样令人惊艳。

1953 年，斯蒂尼克和罗维推出了星际线指挥官车型，从而创造了新的汽车历史。该车完全革新的设计与当时的美国车型完全背道而驰。这一新车型大量使用了不同形状的镀铬部件，摒弃了线条之美并且在引擎盖前部安装很少的散热器护栏。这在当时是从未有过的技术和设计，在它之后很久人们才在雪铁龙的 DS 车型上看到。虽然车身只是正常大小，星际线指挥官车型却是一款双门五座车，它配备了 V8 发动机，功率可达 120 马力。可是，当时该品牌遇到的财政困难影响了该车型的成功进程，后来公司不得不与帕卡德合并。尽管罗维已将天分发挥到极致，而且他还在 1962 年推出了令人惊艳的阿文蒂（Avanti）车型，并有打造上品牌标志的玻璃纤维车身，但这一切都不能改变这家印第安纳汽车制造商走向末路的命运。其位于南本德的分厂于 1964 年关闭。

奇怪的动物

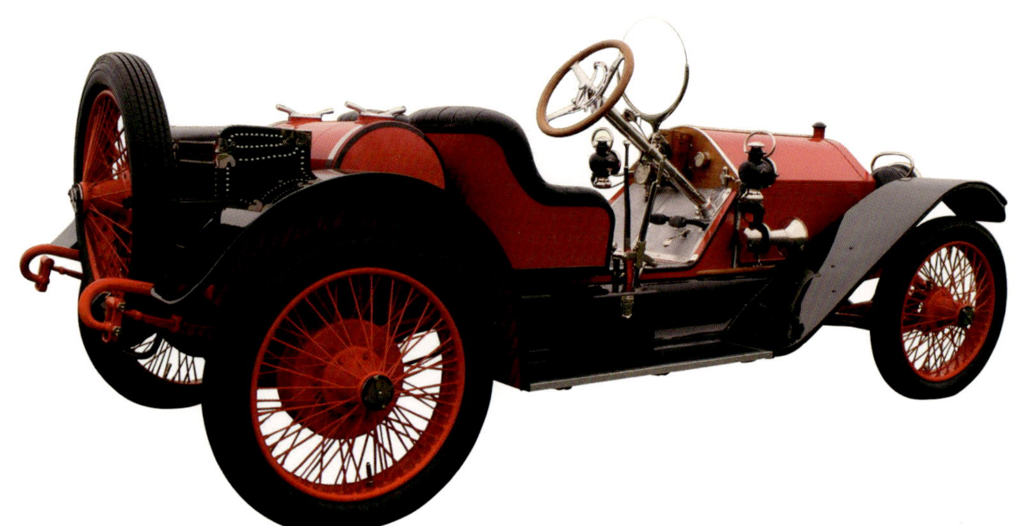

斯图兹熊猫车内并没有任何装饰，该款高速车除了飞速奔驰之外没有别的目标。舒适的感觉在这辆年龄将近100岁的“古老野兽”身上是找不到的。可是要知道，在那个时代想要时速达到130公里，其代价可不菲。

“斯图兹，日臻完善的汽车”，哈里·C.斯图兹就是靠这个口号宣传其汽车品牌的。这句话的创意源自最初的印第安纳波利斯500英里车赛，当时的斯图兹已有了这个想法。为了在汽车大赛上一试身手，斯图兹公司设计了一款车型，没想到最后竟然光荣地排在了第11位。从此，汽车比赛成了这个年轻的美国品牌推广其新车型最好的广告载体。

在斯图兹四处参加比赛时，他在1914年推出了一款轰动一时的高速跑车，并给它取了一个很奇怪的名字——熊猫（法语为chat-ours）。这台当时看来线条奇特的汽车强调的只是它的性能。低车身只能容纳两人，而且乘坐空间并不太舒适。没有车顶，极简的车身线条刚刚能够遮住座椅后面的发动机和油箱。再来看看乘客的空间，驾驶员只能靠一个正好安装在操纵杆前面的圆形挡风玻璃来抵御大风！作为传动设置专家的斯图兹还直接将 3 档变速箱安装在后车轴上。这款由赛车改造的普通用车，其前置凸轮轴处安放了一个 4 气缸 6.4 升的发动机，这就使得该车的最高时速可达 130 公里。这在当时是一个引人注目的数字，但在一般的行驶情况下可能很难达到。这辆车与其竞争对手美世（Mercer）一起成了当时美国最受欢迎的运动型汽车，一时工厂里生产的汽车供不应求。它的性能和各项纪录成了报纸上的头条，就像埃尔文·巴克所描写的那样：该车以每小时 22 公里的平均速度从圣地亚哥一直驶向纽约，只留下身后一条条公路的名字。

这款超级运动型汽车不断进行着革新，直到 1928 年被黑鹰（Black Hawk）取代。

塔尔博特–拉戈 ▶T150 SS | 一丝激情

克莱蒙–塔尔博特、塔尔博特–达拉克、桑贝姆–塔尔博特–达拉克……在成立初期的 20 多年里，无论是在法国还是在英国，随着合并和收购，该品牌不断更改自己的名称。因此，这是一段跌宕起伏的历史，该历史由施鲁斯伯里·塔尔博特伯爵和他的合伙人法国制造商克莱蒙于 1903 年共同创造。而塔尔博特品牌并没有受其跌宕起伏命运的影响，它已经拥有了与布加迪或德拉杰齐名的形象。1929 年的经济大萧条促使集团摆脱了已经亏空的塔尔博特–达拉克分厂。意大利工程师安东尼·拉戈随后买下了法国的分厂，并建立了塔尔博特–拉戈品牌，而英国分厂和桑贝姆–塔尔博特–达拉克（STD）工厂则由鲁茨集团收购。

作为美人中的美人，塔尔博特–拉戈是其他大牌汽车车身设计师灵感的不竭来源。最富有创造性的大概就是菲戈尼和法拉齐联手推出的超级 T150 SS 车型，又称为“水滴”。

安东尼·拉戈想要通过高级运动车型来强化品牌定位，并将这些车定位在豪华汽车领域。1936年，他带着T150向汽车竞赛发起了进攻。T150配备了4.0升6汽缸的发动机，最高时速可达210公里。当时该车与德拉海耶和布加迪的竞争十分激烈，而其他大牌有创意的车型也都在和塔尔博特品牌一争高下。其中最有创意的毋庸置疑当属菲戈尼和法拉斯基于1937至1939年间开发出的著名系列，该系列又名“水滴”，源自其注册名。该车车身浑圆，轮胎上的弧线形车翼构成了整车的流线型线条。该款T150SS车型代表了巴洛克风格汽车设计的顶点，不论是过去还是现在，该车都是汽车风采大赛上令人生畏的“大人物”。尽管其流线型车身如此迷人，但此车只生产了少数几台，在巴黎大区絮伦生产的法式汽车还将其最高时速提高了20公里。

要在陆地上实现时速 1 227 公里，这绝对是一场疯狂的赌博，而理查德·诺贝尔和他的驾驶员安迪·格林却于 1997 年十月的某一天在内华达沙漠做到了，完成这项任务的是魔鬼般的超音速推进号，这是一款集火箭、飞机和汽车的特点于一身的车型。

1983 年 10 月 4 日，凭借着 1 019. 468 公里的时速，理查德·诺贝尔成了陆地上行驶速度最快的驾驶员。他也因此在 13 年后，打破了由加里·卡贝里齐及其坐骑“蓝色火焰”创下的纪录。诺贝尔赢了，他将推进号 2 发挥到了极致，方向盘上的他差一点就飞了起来。极速的历史似乎就在这里画上了句号，直到有一天，克雷格·布里德洛夫决定携其有名的座驾“美国精神”投身这场速度大战。同时，一项名为“奥西·安瓦德”的澳大利亚计划也加入了这场速度的争斗，这让诺贝尔不得不重新投身这场将纠缠他很长一段时间的速度比拼中。

这一次的回归预示着一个明确的目标，那就是解决音障带来的困扰。过于专注此项计划的诺贝尔渐渐失去了迎接挑战的勇气，他将超音速推进号交给了安迪·格林。后者是一名英国皇家空军飞行员，在一系列的心理和生理测试后，他被认为是执行此次任务最合适的人选。布里德洛夫为其“美国声波箭”选择了单涡轮喷气式发动机，其车身只由三轮支撑。而诺贝尔走的却是另一个方向，其超音速推进号的驾驶室被安置在两个喷气式发动机之间，由四轮带动车身运转。该车的特别之处还在于其十分狭窄的后桥，两个后车轮直接相连。出于对稳定性的考虑，这两个轮胎采用的是导向轮。

在经历了无数次技术和资金上的困难之后，超音速推进号终于在 1996 年 9 月于约旦的亚加夫（AL–Djafr）开始了试验。最初的试验受到了后悬挂减震装置的困扰，它影响了赛车的转向系统。而另一边的布里德洛夫由于驾驶的车型时速过高，造成了一次大事故，在此之后，他花了长达几个月的时间来调整状态。回到英国之后，超音速推进号配备了用于劳斯莱斯史培（Spey）205 的双涡轮喷气式发动机，以保证其时速可达 205 公里。第二系列的测试给整个团队吃了定心丸，此车已准备好在 1997 年 9 月与“美国声波箭”再次交锋。由于澳大利亚表现平平，所以此次比赛更偏向于美英两国之间的较量。

比赛开始阶段，安迪·格林及其超音速推进号占有一定的优势，大大超出了布里德洛夫及其“美国声波箭”的表现。世界汽车联盟规定的赛制也十分简单，只需要在两个间隔为一英里的节点中看谁跑得更快。驾驶员拥有 22 500 公里的距离用于起步和停车。还有一个重要的细节：参赛者必须在到达终点后再将车开回来，然后计算两次行程的平均时速，并加以记录。

在 9 月 25 日，格林刷新了诺贝尔创造的纪录。他的时速在一英里测速区内达到了 1 149.303 公里。其实，超音速推进号的驾驶员需要克服的就是音障。这对于格林来说是一次巨大的挑战，在每一次试验之后，他都饱受声压的折磨，抑制不住地浑身颤抖。此外，在时速达到 950 公里时，他驾驶的汽车向左偏移了 10 米。不过格林对这一现象早已司空见惯，在到达测速区之前他又将车向右偏转了过来。至于布里德洛夫，他也尝试最后碰一次运气，但当他调整过来的时候，已经完全失去了和对手竞争的资格。

10 月 15 日早上，在错过两次大赛组为回程测量时速之后，格林终于成了又一个在陆地上克服音障的人，这一天距飞机驾驶员查克·叶格第一次克服音障已有 50 年。在转速为每分钟 8 000 转的轮胎和超越音障的超声波的双重轰鸣下，内华达州的黑岩石沙漠见证了超音速推进号创造了 1 227.985 公里的时速纪录！

（注：SSC 是“超音速车”Super Sonic Car 的缩写）

重新上路

2000GT 的营销尽管失败，但这并不阻碍其成为世界上最好的一款概念车。这款令人印象深刻的汽车运用了日本的车窗技术，从此以后，该项技术不断进行革新。

在 20 世纪 60 年代，处于全面发展的丰田意识到了运动和比赛对于人们的吸引力，于是该品牌的领导者决定推出一款符合人们期望的车型，并将注意力重点集中在美国市场上。这对于之前对此种车型没有任何经验的日系车来说是一项严峻的考验。

一支小团队（或者说一支突击队）开始研究这一计划，该团队在技术上有着完全的自主权，同时他们也确立了一整套技术规范，他们的目的不仅是要研发出一辆性能良好的汽车，更是要设计出一款舒适的汽车。此车还需要成为未来参加各种竞赛的高性能车的基础车型。计划的执行刻不容缓，因为丰田领导层听闻他们的对手尼桑也在着手同样的计划。受到当时欧美最好产品的灵感激发，日本技术员在经过仔细地筛选后，将部分有用的经验运用到自己的设计中。

此时，丰田也面临着其盟友雅马哈带来的压力，因为雅马哈已和尼桑合作之前提及的计划。之后，雅马哈和丰田也达成了协议。摩托车以及钢琴制造商雅马哈因生产竞赛摩托而闻名，此次将负责制造和装配丰田未来 2000GT 车型的发动机。该车选择了 2.0 升、6 气缸的发动机，并装配了轻合金汽缸盖用以保护双凸轮轴，发动机的动力由汽化器提供。尽管在功率和动力上表现出众，但丰田 2000GT 并没有取得相应的成功。该车售价昂贵，并且没有办法依靠该品牌以前的某一固有车型进行宣传，而丰田公司对此表现出来的态度也十分含糊。尽管该车在 1967 年到 1970 年间只生产了 351 台，但丰田从来没有放弃过这第一款运动车型！

丰田 ▸ 卡罗拉 | 神奇的卡罗拉

与 2000GT 正好相反，丰田卡罗拉成为世界上销量最好的车型，至今已生产了 3 100 万辆。

在涉足汽车领域之前，丰田家族以织造业赢得名声。在美国和欧洲旅行的时候，丰田佐吉和他的儿子丰田喜一郎发现了汽车制造业的广阔前景，于是丰田佐吉于 1937 年成立了丰田汽车集团。在此期间，出于迷信，集团决定把原来的名字 Toyoda 更名为 Toyota。原来 Toyoda 一词在日语中要 6 笔写成，Toyota 则需 7 笔，而 6 在日本是一个很不吉利的数字，因此改名势在必行。

集团成长得非常快，这得感谢它采用了前所未有的生产方式，即后来著名的丰田生产体系。此体系就是进行大批量生产，从而最大限度地减少浪费。丰田最早生产的车型是诞生于 20 世纪 60 年代的皇冠（Crown），随后是 1965 年的新车型卡罗拉。

卡罗拉是一款小巧的双门车型，和至少比它长 1.5 倍的美国车型相比，它简直就是一个微生物。该车 1.1 升的发动机所产生的功率为 60 马力，这对于保证轻巧的卡罗拉的性能已经足够。卡罗拉的设计也十分简练，能立刻给人一种安全感。有些汽车由于过于精致，在一些设备条件较差的地方，没有办法被接收和保养，而卡罗拉不存在这个问题。于是，卡罗拉迅速成为亚洲和非洲大陆上不可或缺的车型。卡罗拉有一句口号——“我的丰田让人惊奇”，这句话对该车来说再合适不过。在后来的数十年里，卡罗拉变得越来越平庸，于是丰田推出了该款车型的其他版本，如命名为卡罗拉·维尔索（Corolla Verso）的单座汽车。卡罗拉还在 1999 年汽车制造商的拉力赛上为丰田夺得过世界冠军的头衔。如今，丰田这一日本巨人已成了世界第一大汽车制造商，而其卡罗拉车型也已经发展到了第九代，并打破了所有的生产记录，直到今天该车型共生产了 3 100 万辆。

苦役犯的回忆

不管是非洲高原还是北美森林；不管是白雪皑皑的阿尔卑斯山还是澳大利亚的丛林。全世界到处都能看到这一款全能汽车，它是上百万农场主不可或缺的运输和交流的工具。与其说著名，还不如说公认，这个词可能更适合这款丰田海拉克斯小型载重汽车。无论是目前还是以后，该系列的 4×4 越野车都是世界上最畅销的车型之一——已卖出超过 1 200 万辆。

先是丰田宠儿（Toyopet）SB，然后是斯图特（Stout），它们相继开启了丰田制造小型载重汽车

的传统，尤其是 1964 年开始出口到美国的斯图特。1967 年末，海拉克斯横空出世，渐渐成了丰田不可或缺的一款车型，和它一样不可或缺的，还有其兄弟产品丰田兰德酷路泽（Land Cruiser），后者直接向路虎宣战。海拉克斯设计质朴，阶梯形车身后装有弹簧条悬挂装置，虽然说不上舒适，但其配置却毫不逊色。该车坚如磐石，能够承载令人难以置信的重量。其实它的钢板弹簧片松开一些，还是可以改善舒适度的。海拉克斯看起来就像是一辆永不知疲倦的汽车，最糟的路面状况都难不倒它。因为该车装有地面监视装置和差速器冻结装置，这使得它能够轻而易举地翻山越岭。

在 BBC 播出的英国电视节目《最佳齿轮传动装置》（Top Gear）中，该车最终赢得好评。在幽默的主持人杰罗米·克拉克森的带领下，记者们将让这款车接受最高难度的测试，从而证实其“不碎”的称号。和树撞击，将其扔在海堤上 12 个小时等待涨潮进水，松开挂车砸在它的车顶，这些对它来说都不在话下。更不用说，在它里面点火或把它放在垮塌的建筑物下，这一切都是为了让这款日系小型载重汽车精疲力竭。然而，每一次它那强劲的 4 气缸发动机总能重新启动上路。因为，大家说过，“海拉克斯是累不垮的”，难道不是吗？

我们可以在这个货箱里装多少吨各类商品呢？无论如何，除了赋予这款畅销的丰田海拉克斯不朽的名声，我们已没有什么可以给它的了！

凯旋 ▶ TR4 | 小巧的英国车

1953 年开始，凯旋传统的运动车型——著名的 TR 逐步得到了发展，尤其是在美国市场上。由于兼具实用和野性的特点，该车受到了运动车型爱好者的热烈欢迎。继 TR2、TR3 之后，于 1961 年 8 月推出的 TR4 也大获成功。TR4 的机械部分主要借鉴了 TR3，但其外形却是全新的设计，由米凯洛蒂操刀。他在车身前部放置了一条直且高的车身带，这与其前辈的美学标准相去甚远。最具代表性的是

建立在古典车型的基础上，凯旋TR4的成功主要归功于米凯洛蒂优雅的设计，该设计与之前的TR3截然不同。

TR4前车身相比前辈做出了较大的改变，其前辈只有大灯上面的引擎盖部分是凸出的，而TR2则是整个引擎盖都是凸出的（所以它的大灯是内陷的），至于TR3也有稍微的凸出。在该车的技术选择方面，凯旋始终很信赖TR3的发动机，也就是老款的2.1升、100马力的发动机；前刹车为圆盘状；变速箱上可选择自动调档，第一档为默认值。该车的车身内部也花了很多力气，所以在舒适度和容量上都有所保证，能够满足顾客（大部分是美国人）的需求。在驾驶室内，这一英国运动车型也施展了魅力，其方向盘上有三个分支，而巨大的仪表盘则位于由上漆木材制成的面板上。

1965年，该车作出了有史以来最大的改变：第一步，在TR4A车型上采用了IRS（后车身独立悬留）技术，使后车轮变得更加独立；第二步则是把发动机换成了2.5升的6汽缸，从而为该车新增了46马力，使其升级为TR5。这一额外增加的动力以及高性价比使该车从此进入竞赛领域，并且轻松地超越了保时捷911的200公里时速纪录。1969年，TR4和TR5让位于TR6，但后者的设计与前两者相比就显得平淡多了。

塔克 ▸1948 | 过分的美

塔克的故事着实让人惊奇，他在很多方面都是一名革新者，但却也成了其竞争对手操纵下的新闻诡计的受害者。

普雷斯顿·塔克的故事简直让人难以置信：1946 年，他制造了第一辆自己的汽车，梦想以此颠覆整个汽车领域。这个故事在 1988 年被弗朗西斯·福特·科波拉拍成了电影。塔克的汽车使用了那个时代完全陌生的装备，尤其是让人耳目一新的安全窗、可弹射挡风玻璃、不变形车身和圆盘刹车。该车的最高时速可达 205 公里，车灯可随轮胎一起转向，车身前后都有安全带，其仪表盘为泡沫材料制作。为乘客的安全考虑，塔克选择了将发动机后置，这样每跑 100 公里就至少需要消耗 10 升汽油。最后，他还为自己的汽车建立了首个专业的营销和售后网络。

由于缺乏资金，塔克计划预售这款尚未问世的车型，并在媒体上刊登文章，大赞这款无与伦比的先锋车型。销售计划得以成功，但这个时候，该车型都还没影呢。于是我们这位大人物说服国防部的资产部门将芝加哥 1 500 平方米的一个大工厂交由其使用，但该部门提出了一个明确的条件：必须要生产出 50 辆汽车，并在第 60 天展出首辆模型车。这是一场和时间赛跑的竞赛，塔克甚至使用了一些回收来的零件用以制作第一辆模型车。

尽管塔克之前为他的计划大打广告，但最终的结果还是没有让所有人满意，底特律的三位制造商公开反对塔克的新车型。最终，他们让塔克遭遇失败并把他送上了法庭。塔克原本以为自己从此再无可能继续立足于汽车领域，但最后他却被判无罪。而就在法庭外，原本许诺的 50 辆塔克·鱼雷（Torpedo）1948 车型已被生产出来，正骄傲地展示在世人面前。

将航空文化和汽车文化巧妙融合的瓦赞汽车，无论是外形还是技术，都向世人展示着与众不同的特点。

“瓦赞飞机”，就是这个含糊不清的名字让这个不为大众熟知的品牌开始了自己的故事。20 世纪二三十年代，瓦赞将航空文化和汽车文化成功地融合，显示了该品牌的创立者加布里埃尔·瓦赞对汽车和飞机的激情。早在 1900 年，他和他的兄弟夏尔 (英年早逝) 就有了第一部作品——一辆汽车。随后，他们又转向了飞机制造。亨利·法尔曼 (Henri Farman) 就是该品牌飞机的名字，其与众不同之处在于它是第一架能在一千米距离内绕圈的飞机。在第一次世界大战期间，瓦赞制造了第一架完全金属材质的飞机，并生产了 8 000 架，因此他发了大财。

看着自己的产品用于军事，多少有点担心的瓦赞于 1919 年投身汽车领域，开始着手雪铁龙的一项研究计划，这就是后来的 M1 车型。瓦赞制造的 4 汽缸 C1，以及后来畅销的 C4 都是该品牌的重要型号，它们的与众不同之处在于这些车都是按照航空技术标准制造的。瓦赞曾在里昂美术学校学习过，该校是全铝材质的信徒，瓦赞也不例外。瓦赞还最早利用专业车身设计师，建立属于自己个人的车身制造业品牌。在机械方面，瓦赞汽车的独特之处是使用了无阀门的发动机，并给发动机配备了奈特（Knight）型号的移动外壳。同时，它还是第一辆在车厢和发动机之间拥有隔层的汽车，旨在隔离噪音、油烟和气味。

后来，瓦赞逐渐把重点放在了豪华车型的制造上。1935 年生产出了著名的 C28 车型，该车采用了 6 汽缸、3.3 升、110 马力的发动机。受到 C25 的启发，该车车身的设计令人惊叹，仿佛建造在飞机机翼上，该车一共生产了 30 多辆。但该系列里最令人吃惊的作品还是 C28“空中运动”（Aerosport）这款车，这是第一款采用了浮桥车身的车型，其车翼完全融入车身，最高时速可达 150 公里，此车型共有 14 辆被制造出来。1939 年，该品牌销声匿迹。

流行无国界

谁能够想到这辆被希特勒政府作为宣传工具的平民汽车会在全世界范围内取得巨大成功呢？

时速100公里，耗油每100公里7升，价格低于1000马克，以上是希特勒政府制定的规划，目的就是要让每个德国人都有可能拥有一辆汽车。这一大众汽车，别名“平民汽车”的计划交由费迪南德·保时捷研究室负责。在研究了几个车型之后，该汽车最后成型，1938年5月该车暂时起名为KDF（取自德文Kraft durch Freude，意为“快乐的力量”），也是这个时候，沃尔夫斯堡工厂建立，新的车型将会在这里生产。为了获得此车，德国人都有一个特定账户储蓄。然而第二次世界大战阻碍了大众汽车的生产，除了一些供军队使用的水陆两用车型之外，其他汽车几乎全部停产。二战结束之后，英国军队发现了一家废弃的工厂，两辆由该工厂工人自愿建造的KDF汽车被摆在了最显眼的位置。英国人被德国汽车制造商的这一行为深深打动，于是同意重新开始生产KDF，希望能续写历史。

以当时欧洲的经济状况来看，大众的这款车型十分应景，因而受到了人们的欢迎。保时捷采用了发动机后置结构，后车轮驱动免去了安装传送管，这就节省了大量空间。发动机的容量为985毫升，功率为24马力，平放的4汽缸由空气冷却，人们凭耳朵就能识别这一车型。一开始，该车型的再生产速度比较慢，为了适应不断增加的需求量，其生产速度也不断加快。如今被我们称为甲壳虫的车型，凭借着圆润的车身，不断征服新的市场。1948年，其产量达到25 000台的高峰，并开始正式对外出口。1949年沃尔夫斯堡工厂被正式交还给德国，而此时的甲壳虫车型已在德国、美国市场上取得成功，尤其是在美国市场上，取得了巨大的突破。该车著名的玻璃后窗风靡一时，在收藏家的要求下，甲壳虫至今都还保留着这一传统。后来由卡曼设计的敞篷汽车为大众单一的生产目录增加了一款新的车型。

德国制造商把生产和改进这一车型作为唯一的目标，并没有想过要使其产品多样化。以下数据也证明了其策略的正确性，1955 年该车的产量达到了 100 万台。当时的车身采用了同步变速器，发动机功率达到了 34 马力。1966 年，甲壳虫因为华特·迪士尼的影片成了电影大明星。1970 年，该车进行了大变革，推出了 1302 型号。这一新型号装配了麦克弗森的悬挂减震装置，并将前刹改为圆盘式。1972 年，福特 T 创下的销售纪录被该车打破。但是，大众的老甲壳虫慢慢跟不上发展的步伐，于是，在 1974 年大众又推出了高尔夫车型。

品牌的元老甲壳虫于 1978 年在德国停产，而墨西哥的生产一直持续到 2003 年。最后一辆甲壳虫，也就是甲壳虫的第 21 529 464 辆，是在墨西哥的普韦布拉生产线上生产的。从 1998 年开始，大众通过推出新款甲壳虫再次续写了这一明星车型的神话，这一次，该车型被定位为高端车型。

20 世纪 50 年代，大众推出了一款十分漂亮的敞篷车，该车直到今天也是非常少见的漂亮车型。我们注意到车后弧形的保险杠更加凸显了该车圆润的线条。

大众 ►康比 | 自由之路

生活用车、野营旅行车、小型载重车、驶向自由的传送带，大众康比将这些称谓集于一身。这一前卫车型催生了当今汽车领域的众多理念。

1947 年本·彭这一荷兰籍大众品牌进口商，在参观大众工厂的时候，发现了这一款即将书写历史的实用车型。在沃尔夫斯堡的工厂里，工人们习惯用他们设计的一种车来运载笨重又占地方的杂货，比如说车身零件。大众有了生产从未有过的车型的想法，1950 年，该品牌打造了这一款被称为“第二类”(Type 2) 车型的汽车，之后，人们将通过布里 (Bulli) 或康比更多地了解它。

出于对成本的考虑，这一新车型大量采用了甲壳虫的设计元素，在保时捷 356 之后，甲壳虫车型成了各类车灵感的源泉和汽车零件的借鉴车型。采用了甲壳虫悬挂减震装置和后置发动机的康比因其延伸的轴距，提供了同时代汽车所不能及的车厢空间，提前 30 多年引领了单体宽敞型小汽车的潮流。在美学上，康比的第一款车型因其将挡风玻璃分为两部分而与众不同，也是因为这个原因，该款车被称为“分割窗”(Split 意为“分割”)，同时它的家庭版因为九座的设计和 23 个不同的车窗而与众不同。1968 年，“分割窗”被“凸窗”(Bay Windows) 所取代，后者的特别之处在于其挡风玻璃是凸起的，而且后车灯非常大。

各种版本的康比车型中还包括车顶被抬高的野营旅行车，可以说大众康比吸引了寻求突破的一代人。该车很好地代表了公共生活的理念，带着一帮向往异乡的年轻人在世界各地的道路上来来往往。其巨大的车身成了富有创意的画家们表达自我的地方，他们在上面画上了五彩斑斓的植物。1979 年，这一实用的元老车型退休，让位于“运输者”(Transporter)。

由 3 个魔法般的字母组成的 GTI 已经成为了良好性能和愉悦驾驶感觉的同义词。尽管高尔夫 GTI 是在大众管理层不知情的情况下研发的，但该车型却为该德国制造商形象的树立做出了贡献。

一个艰难的挑战摆在了大众管理层面前，甲壳虫已经成功了 33 年，是时候为它找一名继任者了。1970 年，大众发布了 337 计划，1974 年 5 月该计划诞生了一款名为“布利泽德”（Blizzard）的新车型，这一车型最后被称为高尔夫（该名取自 Gulf Stream，意为“海湾流”）。但事实上，生产大众运动车型的计划一直是瞒着公司管理层在幕后秘密进行的。在阿尔方斯·勒文贝格的领导下该计划才得以成形。这款新车使用的是奥迪 80 的推进装置，未来高尔夫车型的基础发动机为 4 汽缸，容量 1.6 升，功率 70 马力，在勒文贝格及其团队的努力下，最后的功率达到了 100 马力。起初，打算在西科罗（Sirocco）这辆样车上安装这种特殊的发动机，但在获得管理层认可之后还是决定为新的高尔夫车型安装，此时的高尔夫已经在德国注册了商标。该车不仅获益于发动机装置，还获益于运动车型的特色。起初，这款被命名为 TTS 的高尔夫运动车型配备了稳定器、喷射器和悬挂装置。面对此研究成果，制造商最终决定生产 5000 辆该特殊版本车型，以便其有资格参加一级汽车赛事。

1975 年，高尔夫 GTI 及其近亲奥迪 80GTE 双双在法兰克福车展上亮相。前者的装配可谓十分诱人：1.6 升的喷射式发动机可使总重量为 810 公斤的该车功率达到 110 马力；极低的车身；较大的轮胎。至于汽车内部，GTI 的特殊座椅、方向盘以及油压表全都与众不同。该车称得上是大众刚刚投出的一枚炸弹，年轻人和体育爱好者是不会错过它的。GTI 这辆小巧且让人过目不忘的运动车型，其销量远远超过了之前的预计。

圣人的选择

沃尔沃给人一贯的感觉就是该品牌十分注重生产质量和安全性能，而这次，沃尔沃改变了以往给人的印象，于1960年推出了令人惊叹的P1800车型。在左图P1800 ES的基础上，又延伸出另一款旅行轿车。

别名为圣人的西蒙·坦普勒在一系列的电视剧集中，驾驶的就是沃尔沃 P1800。但当时只有罗杰·摩尔欣赏这辆遭受冷遇的车型。虽然该车的设计十分独特，但它与这个 1926 年建立的瑞典工厂一贯的设计风格却是背道而驰。

因产品的坚固和方正而闻名的沃尔沃不允许其产品 P1900 与之背道而驰，所以该产品在 1957 年仅生产了 67 台后就被迫停产，因为领导层认为其车身的玻璃纤维仍不够牢固。不过，这次失败使得沃尔沃有了新的想法，就是让意大利设计工作室吉亚为其打造一款偏运动型的新车型。由于当时正忙于负责另一项计划，吉亚就将沃尔沃的委托给了自己的子公司福禄。公司向沃尔沃的董事长贾娜·恩基诺提交了多项设计，但最终被采纳的设计却是出自一名在福禄工作的瑞典实习生之手，此人名叫佩尔·皮特森。更为巧合的是，皮特森原来是沃尔沃一名顾问的儿子，而且该顾问积极支持这家瑞典汽车制造商投身长途汽车的制造。但沃尔沃此时还没有能力生产出未来的 P1800，为此，公司与德国车身设计师卡曼取得了联系。可卡曼已准备好迎接其主要合作伙伴大众的订单，对于沃尔沃的新车型研发不以为然的他并没有答应。于是这家瑞典公司只好找到另一家较小的英国制造公司詹森（Jensen），负责新沃尔沃的制造。1959 年新车型开始进行测试，而该车的官方亮相则是在1960 年的布鲁塞尔车展上。

然而一年之后，新车型才上市。虽然是瑞典车，可 P1800 还是有些英国色彩，因为除了詹森负责生产外，还有布瑞・斯蒂尔（Pressed Steel）公司参与了制造并为车身零件加膜。发动机还是沃尔沃原产的，其他零件则由于经费原因，来源各不相同。该车的发动机为 122S 型号，容量为 1.7 升,功率为 90 马力。变速箱有四档，不久之后又有了自动调档的选择。

P1800 优雅的线条和浓厚的六十年代情调迅速受到了人们的欢迎，它的长引擎盖使其小巧的车身线条显得更加修长。车身内部的装饰也十分精致，这增强了沃尔沃的质感，使该车看起来更加安全可靠，这正符合该品牌产品的一贯形象。然而沃尔沃却撤销了詹森公司为其生产汽车的订单，因为它不符合分包商条例中所规定的品质标准。于是 P1800 的生产回到了沃尔沃品牌所在地科特伯格，而 P1800 也发生了改变，那就是装配了更加强大的发动机。这个主要的变化发生在 1969 年，当时采用的是 2.0 升喷射式发动机，这就使得 P1800E 车型具备了运动性能，其功率可达 124 马力，最高时速可达 185 公里。这种情形是沃尔沃之前从不曾要求 P1800 车型达到的。正如后来 P1800ES 车型的变化所显示的那样，该款车型安装了大面积的玻璃车窗，明显说明它向长途旅行轿车靠拢的趋势。沃尔沃这款令人愉悦且前所未有的车型结束于 1973 年，总产量为45627 辆。

其他传奇品牌

阿米尔卡（AMILCAR）

1921年，埃米·阿卡尔与约瑟夫·拉米联合，结合两人名字的发音，在巴黎创建了阿米尔卡品牌。当时的法国政府为了发展汽车制造业，以低税收来鼓励生产一种微型车。该品牌积极响应了政府的号召，生产出一款两座的车型阿米尔卡 CC，该车满足了条例规定：气缸容量不能超过1.1升，重量不能超过350公斤。后来相继推出的CS、CGS在竞赛中也取得了荣誉。除了用于竞赛之外，阿米尔卡也因其6到8气缸的配置而与众不同。之后这一品牌于二战时消失，后来被霍奇基斯（Hotchkiss）合并。

阿尔维斯（ALVIS）

1919年，托马斯·乔治·约翰和杰弗里·德·弗雷维尔在英国考文垂，距离捷豹公司不远的地方建立了阿尔维斯公司。以红色三角作为标志的该品牌车得到了其他知名品牌同等的待遇。1936年的“速度21”(Speed Twenty One)就是一个很有名的例子，它还同时参与了空军飞机和直升机发动机的制造活动。1967年被罗孚（Rover）公司收购后，阿尔维斯从此停止生产。

奥迪（AUDI）

被以自己名字命名的公司排挤出来后，奥古斯特·霍希根据“霍奇”在拉丁语中的意思，于1909年建立了奥迪公司，同时他还带走了许多老的合作伙伴。他还与曾经的敌人联手，建立了奥迪联合汽车公司。在取得了一些优异成绩之后，该品牌被DKW集团收购。利用品牌的等级互补性，奥迪开发了中档汽车的前轴驱动系统。二战后，大众将奥迪联合汽车公司从戴姆勒·奔驰手中买了回来，被遗忘的奥迪在20世纪60年代才得以重出江湖。之后，这个以圆环作为标志的汽车品牌的地位平稳上升，就像我们如今在大众·奥迪集团所看到的一样。

格拉汉姆（BRABHAM）

1962年初，澳大利亚人杰克·格拉汉姆建立了以其名字命名的品牌。在工程师让·托兰克的帮助下，格拉汉姆从三级方程式投入一级方程式的单座赛车的生产中来。1966年，杰克先生驾驶着一款该公司的汽车赢得了F1汽车大奖赛的冠军。后来，在伯尼·埃克尔斯通的领导下，该品牌又打了多次胜仗，尤其是凭借巴西赛车手内尔松·皮盖的帮助，该品牌获得了众多的荣誉。该品牌于1992年消失。

布里斯托（BRISTOL）

一开始，布里斯托公司是在航天领域被人们所认识的，该公司在第二次世界大战期间制造出了轰炸机。1945 年，布里斯托开始制造汽车。400 车型是该公司的第一款车型，它直接受到了二战前宝马车型的影响。后来公司生产的都是豪华型跑车。2001 年为了重回超级赛车领域，该公司推出了“战斗者”（Fighter）车型，此车型最强劲的一款车最高时速可达 434 公里。

查帕拉尔（CHAPARRAL）

20 世纪 60 年代，美国人吉姆·霍尔想要设计几款前所未有的赛车。于是他画出了令人惊异的 2J 车型的草图：铝质车身、双变流器、变速箱、移动车翼以及能在底盘自由呼吸的涡轮机……但这疯狂般的飞机式设计并没有在汽车身上得以实现，这一来自德克萨斯的设计师的努力也就此止步。

戴姆勒（DAIMLER）

戈特利布·戴姆勒和卡尔·奔驰的故事开始于 1887 年，二者都是汽车制造业以及四轮冲程发动机的领军人物。从 1891 年开始，潘哈德和勒瓦索尔便开始使用戴姆勒发动机。20 世纪初，埃米尔·杰利内克重新买回了该品牌的产权，从那以后，他就以自己女儿的名字“梅赛德斯”为产品命名。1926 年，戴姆勒和奔驰合作并创办了同名字的集团。

德洛奈·贝尔维尔（DELAUNAY-BELLEVILLE）

因生产火车头和船用锅炉而出名的德洛奈·贝尔维尔公司于 1914 年推出了第一款汽车，这辆品牌汽车立马受到了上流社会顾客的好评，其散热箱和圆形引擎盖的设计在汽车领域十分出名。该品牌消失于 1950 年。

道奇（DODGE）

在与福特合作之后，约翰和霍勒斯·道奇兄弟于 1914 年在底特律创造了自己的品牌。他们的第一辆车采取了革新的电启动器。此车被美国车队大规模使用，道奇自此成了继福特之后的美国第二大汽车制造商。1925 年，道奇兄弟放弃了自己的公司，3 年后他们将公司转让给了克莱斯勒。如今在克莱斯勒集团，道奇车成了运动和娱乐车型的代表。

格拉斯（GLAS）

农用机械专家格拉斯推出了第一款德国制造的低座小摩托车，随后又推出了“高歌汽车”（Goggomobile），该车装配有两冲程发动机，但气缸容量较小。随后又出现了其他体积较大的型号，尤其是装配了性能优越的 V8 发动机的 2600。该品牌于 1966 年被宝马收购，随后迅速消失。

霍希（HORCH）

在奔驰公司积累了三年经验之后，1899 年，德国人奥古斯特·霍希建立了自己的品牌。从1903年起，公司地址定在了茨维考。1909年，由于与市场部经理意见不合，霍希受到了排挤，于是他离开了公司，创建了奥迪。霍希一直延续着生产运动车型的传统，使用V8和V12发动机。1932年霍希与奥迪联合汽车公司联手。霍希在二战时消失，其产品的生产地萨克森划入了东德地区。除了1956年生产的一款车型有过昙花一现外，我们再也没有听说过这一曾经辉煌的德国品牌。

霍奇基斯（HOTCHKISS）

从1867年开始，美国人本杰明·霍奇基斯就因制造金属元件而被人们所熟知。随后，他在法国选址，于1903年开始涉足汽车领域并使该领域呈现多元化。尽管霍奇基斯迅速吸引了富裕阶层的消费群体，但这个位于巴黎郊区的建造商并不仅仅满足于生产豪华车型，同时他也生产适合中等阶层顾客的汽车。但在二战结束后，集团的这一分支并没有恢复元气，从1955年开始，该公司开始专门生产吉普车和卡车。

ISO

1953年，ISO推出了伊索塔（Isotta）车型，这辆十分小巧的汽车配备的是两冲程发动机，其专利随后被宝马公司买走。1962年它跨越了一个重要阶段，推出了里沃尔塔（Rivolta）车型，这是一辆由雪佛兰·科尔维特发动机推动的四座跑车。在缩减版的里沃尔塔的基础上，不久之后又推出了格里福（Grifo），该车型的设计师虽然被写成了贝尔托尼，但实际上却是吉利加诺。这一意大利制造商在1970年赛季初始还为一级方程式制造过汽车。

伊索塔–弗拉斯基尼（ISOTTA–FRASCHINI）

在从事过雷诺车的装配工作之后，切萨雷·伊索塔和温琴佐·弗拉斯基尼于1902年决定生产自己的汽车。1907年，这一意大利制造品牌由洛兰·迪特里希管理，当时该品牌的其中一款车型在美国已备受关注，并成了当地制造商的主要竞争对手。此外，也是在美国市场上，该品牌得到了进一步发展，尤其是1919年推出的超级蒂波8（Tipo 8），它是唯一一辆配备了8气缸的车。1949年，随着蒂波8C的停产，该公司从此销声匿迹。

詹森（JENSEN）

詹森的故事开始于1934年，理查德和艾伦·詹森两兄弟原是车架基础设计专家，后来两位车身设计师逐渐成了汽车建造师，其代表作就是S车型。1958年他们又推出了541车型，这是汽车制造中极少使用圆盘刹车的一款车型。但品牌的代表作还属1965年推出的FF车型，该车的发动机是由克莱斯勒生产的。具有革新意义的这一英国车型采用了四轮驱动，并使用防抱死刹车系统。著名的

“拦截器”(Interceptor) 车型是其衍生物。于 1976 年初次破产后，西布罗米奇的制造商们终于在 2002 年彻底退出了汽车市场。

林肯(LINCOLN)

为了纪念曾经的美国总统林肯，亨利·利兰于 1917 年成立了林肯汽车公司。在原有品牌凯迪拉克的基础上，利兰致力于把林肯车打造成豪华轿车。从 1922 年开始，该公司被福特收购，而此时的林肯车已成为美国总统的专用车，这一传统一直延续到 20 世纪 60 年代。命名为“大陆”(Continental) 的车型是该品牌的热门产品，肯尼迪总统就是在这款车内被暗杀的。几十年后，这一车型于 2012 年让位于林肯 LS。

马特拉 (MATRA)

勒内·博内汽车公司和造型设计运用总公司联手，重新恢复了杰特 (Djet) 车型的生产，并由此诞生了马特拉运动车型。随后，该品牌在三级和二级方程式中开始收获果实，1967 年，又推出了配备福特发动机的 530 车型。在勒芒 24 小时拉力赛和 F1 方程式中取得一系列胜利之后，这一法国制造商又于 1974 年推出了巴格西拉 (Bagheera)，1977 年推出了兰乔 (Rancho)，该车是第一辆全程跑车，由雷诺完成其空间设计。2003 年，在生产了一百多万辆汽车之后，该品牌在活跃了 40 年后消亡。

摩根(MORGAN)

对于摩根而言，古典主义就是它的制造理念。直到今天，这一建立在伍斯特郡的英国公司仍在使用它于 1936 年引进的生产方法：底盘与车身分离，车身建造在木结构之上。414 是该品牌的标志车型，代表的是四驱动四汽缸汽车，目前该品牌仍在生产，而装配了 V8 发动机的“空中 8 号”(Aero8) 终究带有了一丝现代气息。

纳什 (NASH)

从 1917 年起，通用汽车公司曾经的总裁查尔斯·W. 纳什就想要建立以自己名字命名的品牌，并打出口号：“给予客户多于他们所要求的”。事实上，纳什家族充满了创新理念，尤其在汽车通风装置方面下了很大一番功夫。在经历多次收购之后，该品牌和开尔文氏冷藏公司 (Kelvinator) 联合研发出某些车型的空气调节系统，这在当时尚属先例。在 1954 年，纳什－开尔文集团收购了哈德森，成立了美国汽车公司。后来，该公司又被克莱斯勒汽车公司收购，纳什的名字于 1957 年彻底消失。

NSU

德国公司 NSU 最先从事的是自行车和摩托车的生产，1906 年，该公司在其内卡苏尔姆汽车厂生产出了第一辆汽车，并将其命名为 15/24CV。在与菲亚特达成协议后，NSU 重新回归摩托车生产领域，直到 1957 年，才带着小巧的普林茨（Prinz）再度回到汽车领域。但是 NSU 被人们所熟知，还是因为其回旋式摩托车，尤其是性能优越的 RO80。1969 年，汽车联合公司与 NSU 联合，内卡苏尔姆的工厂从此之后开始生产奥迪汽车。

欧宝（OPEL）

就像众多汽车生产商一样，亚当·欧宝的五个儿子于 1898 年推出了第一辆汽车，从而开始了其系列车型的生产。以奥林匹亚为形象标识的欧宝属于中等车，于 1935 年推出的该车型是德国第一辆采用承载式车身的汽车。1928 年，该公司被通用收购。欧宝车型，尤其是著名的卡德特（Kadett）车款，至今仍然活跃在大批量生产线上。

奥斯卡（OSCA）

在阿尔菲里·玛莎蒂尼去世后，他的三位哥哥宾多、埃内斯托和埃托雷将原来的品牌卖掉，并于 9 年后，也就是 1947 年，在博洛尼亚的郊区建立了奥斯卡品牌。该品牌的重点仍旧放在运动车型上，玛莎蒂尼兄弟推出了一款重量不到 500 公斤，但机动功率却高达 70 马力的车型。奥斯卡也生产一些赛车，但之后该品牌被摩托制造商 MV- 阿古斯塔（MV-Agusta）收购，于 1967 年消失。

帕加尼（PAGANI）

1999 年，意大利出产的“帕加尼·仲达”（Pagani Zonda）汽车进入了人们的视野。装配了梅赛德斯发动机的新车时速高达 297 公里，品牌的创立者奥拉西欧·帕加尼并不满足于此，他不断地提高该明星车型的性能，使之达到令人惊讶的水平。此车的最后一个版本 R 型的功率达到 750 马力。

潘哈德（PANHARD）

戴姆勒的发动机成就了最初的潘哈德和勒瓦索尔（Levassor）两款车型，并在 1984 年的巴黎 – 鲁昂汽车赛中双双取得优异成绩。在 20 世纪的头 20 年，潘哈德车型就因其配备了无阀门发动机而与众不同。这批发动机在二战后被摒弃，改用双气缸发动机来装备后来的新车迪纳（Dyna），该车为全合金流线型车身。后来，该品牌被雪铁龙收购，其最后一款车型为 24 型车。

萨博（SAAB）

在生产汽车之前，萨博公司擅长的是航空设施建设，直到 1950 年，该品牌才推出了第一款车型 92。这一车型受到了德国 DKW 的启发，尤其是使用了如前者一样的双冲程发动机。之后，公司又致力于建造运动车型，经典的 96 款在拉力赛上的表现让人为之倾倒。99 车型的出现更是带来了深刻的变革。公司致力于发展涡轮增压机且将其运用到接下来的 9 款车型中。从1989年开始，萨博开始成了通用汽车公司的一部分。

西姆卡（SIMCA）

亨利·泰奥多尔·皮戈齐最初的产品明显带有法国生产的菲亚特车型的印记。在生产了几款直接模仿意大利车型的产品之后，这个发动机和车身制造公司（公司名字的缩写为SIMCA）推出了由自己设计车身的西姆卡8。二战后，阿龙德（Aronde）成了第一辆百分之百由西姆卡打造的汽车。后来，处于衰退时期的西姆卡被克莱斯勒汽车公司收购，随后又转手给了标致，标致试图以塔尔博特（Talbot）来拯救西姆卡，但最后还是以失败告终。

桑贝姆（SUNBEAM）

创立于1901年的桑贝姆汽车公司想要以其破纪录的高性能车型被人们熟知。除了达拉克（Darracq）和塔尔博特之外，桑贝姆还与其他汽车品牌一起加入了鲁茨（Rootes）联合工会。二战之后，桑贝姆投身小型运动汽车市场，尤其推出了阿尔卑斯（Alpine）和老虎（Tiger）两款车型。1964年，该品牌被克莱斯勒汽车公司收购，并于1976年最终消失。

泰托拉（TATRA）

泰托拉这一捷克公司的故事始于1850年，当时它主要生产火车车厢。在重新更名为泰托拉之前，公司是以尼斯多芬·瓦根博（Nesseldorfer Wagenbau）车型于1897年投身汽车制造业的。其汽车制造具有浓厚的创新精神，就像1923年的T11车型一样，他们在车上装配了承载式车身和独立悬挂装置。1936年推出的T36车型，其外形与未来的甲壳虫竟然出奇地相似。大众还于1961年为其抄袭行为对泰托拉公司做出了赔偿。1957年，泰托拉成了国家精英专用豪华车。其T603和613两款车型因为后置发动机而与众不同。该品牌于1977年停产。

TVR

一切开始于1954年英国的布莱克浦。特雷弗·威尔金森创造了以自己名字缩写命名的第一款TVR车型。随后，又推出了格兰图拉（Grantura）和格里菲特（Griffith）两款车型。之后，公司于1965年被转手。TVR永远地成了纯粹而牢固的运动车型的标志，其代表车型就是1990年推出的格里菲特二代，该车由强劲的罗孚（Rover）V8发动机推动。凭借年生产量超过2000辆，TVR成了英国的第二大汽车制造商，而随后企业开始走下坡路，并在2005年被一位俄罗斯商人收购。

泽勒（ZIL）

1924年，以阿莫（Amo）为名创立的俄罗斯汽车公司改名为泽斯（Zis，源自人名Zavod Imeni Stalina的缩写），但在赫鲁晓夫发起的反斯大林化运动中，它又以品牌原有的领导者名字命名为泽勒(Zil，源自人名 Zavod Imeni Likhacheva 的缩写)。尽管泽勒生产了众多的卡车，但它同时也专门研究大型高级轿车，如配备了 200 马力 V8 发动机的 111 车型。1978 年它又推出了 4104 车型。如今正值庆祝该车型生产 40 周年。其深受美国车型影响的风格从未改变过。

A

AC 7
- Ace 7
- 眼镜蛇 7
- 迪通拿 8

阿尔法•罗密欧 6
- 158/159 12
- 6C 14
- 8C 14
- 8C 2300 10
- 8C 2900 11
- 吉利亚 15
- 朱列塔•斯皮瑞特 14
- 斯皮瑞特•韦洛 15
- SS 15
- 扎卡托 SZ 15

雷诺 阿尔卑斯 9
- A106 9
- A108 9
- A110 9
- A310 9

阿尔维斯 190
- 速度21 190

阿米卡尔 190
- CC 190
- CGS 190
- CS 190

阿斯顿•马丁 7
- DB4/DB4 GT 16
- DB4 GT 扎卡托 16
- DB5 16
- DB9 18

奥本 6
- 高速851 19

奥迪 20
- 80 20
- 80GTE 187
- 奥迪双座小车 21
- 卡托 21
- 卡托S1 21
- 卡托运动系列 21

奥斯汀—希利 22
- 100 22
- 3000 22
- MK3 23

奥斯汀 24
- 迷你 24
- 库伯 25
- 库伯S 25
- 乡村人 25
- 墨客 25
- 7号 24

联合汽车　26
　A型　26
　B型　26
　C型　26
　D型　27

B

宾利　6
　陆上宾利R型车　28
奔驰　5
　三轮奔驰　30
宝马　25
　3.0CSL　35
　507　32
　M1　34
　普罗卡　35
布拉汉姆　128
布里斯托　191
　400　191
布加迪　5
　EB110　5
　亚特兰特　38
　亚特兰迪克　38
　加利别　38
　皇家布加迪　40
　13号　36
　35号　36
　57号　38
　57C　38
　57G　38
　57S　38
　SC　38
　凡度　38
　威龙　42
别克　43
　里维埃拉　43
　路面大师　43

C

凯迪拉克　6
　埃尔多拉多　44
　V16　46
查帕拉尔　191
　2J　191
雪佛兰　48
　科尔维特　48
　黄貂鱼　49
克莱斯勒　8
　GTS　50
　RT/10　50
　蝰蛇　8
雪铁龙　6
　2CV　6
　5C“三叶草”　54
　DS　56
　前轴驱动车　54
科德　58
　810　58
　812　58
　129　58

D

戴姆勒　2
达特桑　140

DBS 18
德•迪翁•布东 60
G型 60
德拉热 62
D8 62
D8 120 62
D8S 62
德拉哈耶 62
135 64
135运动车型 65
135M 65
135MS 65
138 65
超级奢华138车型 65
235 65
德洛奈•贝尔维尔 191
道奇 191
杜森伯格 58
A型 67
J款 66
SJ 67

F

法赛尔•维加 68
HK500 68
法赛尔二代 69
法塞利亚 69
FV 69
法拉利 5
250GT 70
250GT SWB 70
250GTO 70
250特斯塔•罗萨 72
250TR 72
300LM 72
365GTB/4 74
迪通拿 74
恩佐 5
F40 76
菲亚特 5
1100 78
1400 78
500 80
500A 80
500D 81
500F 81
8V 78
8VZ 78
康帕纽罗 78
托普利诺 78
战斗者 191
福特 1
999 86
A 86
富兰克林 144
福特GPW吉普车 103
野马 84
GT40 88
野马GT350 85
T型车 86
雷鸟 82

G

通用汽车 43
格拉斯 191
2600 191

高歌汽车 191

H

伊斯帕诺•西扎 62
68型 90
本田 92
NSX 92
S600 94
S800 94
霍希 26
霍奇基斯 62
哈德森 95
霍尼特 95
超级6号 95

I

ISO 192
伊索塔 192
格列佛 192
里沃尔塔 192
伊索塔-弗拉斯基尼 6
蒂波8 192
蒂波8C 192

J

捷豹 33
C型 98
D型 98
E型 100
XK120 96
XK120C 97
XK140 33
XKSS 98
吉普 79
威利斯 102
詹森 188
541 192
FF 192
拦截器 193
S车型 192

L

兰博基尼 35
康塔奇LP500 106
缪拉 74
缪拉S 105
缪拉SV 105
蓝旗亚 5
阿普拉亚 110
奥拉莉亚 110
奥拉莉亚B24 110
B10 110
B20 110
B20 2500 GT 110
B21 110
路虎 112
P38 113
揽胜 112
揽胜风行SE 113
勒瓦索尔 3
林肯 193
大陆 193
莲花 114
78F1 116

依兰 119
艾丽斯 118
艾丽斯S2 119
MK VI 114
7号 114

M

玛莎拉蒂 120
A6GCS 120
吉卜力 122
吉卜力SS 123
蒂波26 120
马特拉 6
530 193
巴格西拉 193
杰特 193
兰乔 193
马自达 124
米亚达MX5 126
RX7 124
迈凯轮 128
F1 GTR 128
LM 129
梅赛德斯 5
190SL 136
230SL 136
250SL 136
280SL 136
300SL 134
300SLR 133
380S 130
500 130
540K 130
F1 W196 132
S 130
SS 130
SSK 130
W113 136
摩根 193

N

纳什 95
尼桑 125
240Z 125
280Z 125
NSU 124
15/24CV 193
普林兹 194
RO 194

O

欧宝 119
卡德特 194
奥斯卡 194

P

帕卡德 6
双6 142
帕加尼 194
潘哈德 145
24 194
迪娜 194
毕加索 143
标致 36

Z102　146
达尔马特302/402　144
401日食　144
402日食　145
404　146
504　146
庞蒂亚克　148
GTO　148
坦佩斯　148
保时捷　3
356　149
911　3
卡雷拉2.7L　3
卡雷拉RSR　152

R

雷诺　5
4CV　9
AG　153
多芬娜　154
空间　158
P23　158
R8戈尔迪尼　154
R12　155
RS01 F1　156
RS10　156
劳斯莱斯　6
幽灵一号　161
银云　162
银色幽灵　160
银影　163

S

萨博　194
92　194
96　194
99　194
西姆卡　154
阿龙德　195
西姆卡8　195
精灵　164
精灵双座　164
世爵　166
C8　166
C8紫罗兰　167
史蒂倍克　168
阿文蒂　169
星际线指挥官　168
斯图兹　170
熊猫　170
黑鹰　171
桑贝姆　195
阿尔卑斯　195
老虎　195

T

泰伯　68
塔尔博特-拉戈　172
T150 SS　172
泰托拉　195
T11　195
T36　195
超音速推进号　174
2　174

SSC 175
丰田 176
2000 GT 176
卡罗拉 177
卡罗拉•维尔索 177
皇冠 177
海拉克斯 178
兰德酷路泽 179
斯图特 178
凯旋 126
野火 126
TR2 126
TR3 126
TR4 180
TR4A IRS 181
TR5 181
TR6 181
TR7 139
塔克1948 182
TVR 195
格兰图拉 195
格里菲特 195

V

瓦赞 183
C1 183
C25 183
C28 183
C28“空中运动” 183
C4 183
M1 183
大众 6
凸窗 186
甲壳虫 6
康比 186
高尔夫 185
高尔夫GTI 187
KDF 184
新款甲壳虫 185
分割窗 186
运输者 186
沃尔沃 188
122S 189
P1800 188
P1800 ES 188
EP1800EP 189
P1900 188

Z

泽勒 195
111 196
4104 196

图片声明

Abreviations:h=haut; b=bas; d=droite; g=gauche; m=milieu

www.magiccarpics.com: pp.1, 2, 5, 9(g), 10-11, 15, 16-17, 18, 19(h), 20-21, 23, 25(hg), 28,

35, 42(b), 48(b), 49, 50-51, 69(h), 72-73, 75(b), 76, 79, 83, 85(b), 92, 93, 94(h), 96, 100, 103, 104(b), 105, 107, 110-111, 114-115, 119, 121, 123, 135, 137, 139, 144, 148(b), 149, 160, 161(g), 165, 166-167, 177(h), 178(h), 178-179, 180-181(b), 182, 185(b), 186(b), 187, 188(h).

DPPI: pp.3, 4, 8(b), 9(d), 10(h), 13, 21(h), 37, 38-39, 40, 41, 46, 55, 58-59, 62-63, 64(b), 70, 71, 77, 89, 91, 97, 99, 112, 116-117, 128, 130, 133, 146, 150, 155, 157, 172-173, 175(g), 175(b), 183.

Chris Dodds: pp.32-33, 104(h), 106, 118, 120,121(h), 122.

Nathan Bittinger (http://omninate.com): pp.7, 8(d), 19(b).

Corbis: pp.60-61, 142, 170-171, 174.

Archives Citroën: pp.52-53, 54, 56-57.

Archives Fiat: pp.80-81.

Archives Peugeot: pp.145, 147.

Archives Renault: pp.153, 155-159.

Stefano Bertolotti: p.109.

Teresa G: p.86(b).

D.R.: pp.95, 134.

Pour le reste des documents et photographies, nous tenons a remercier la Librairie et Documentation

Auto Moto Avion Train (33, rue de Constantinople, 75008 Paris):
pp.12(h), 14(h), 17(h), 22, 24, 25(m), 26-27, 29, 30, 31, 32(h), 34, 36, 39, 42(h), 43, 44-45, 47, 48(h), 51(h), 59(h), 63(h), 64(h), 65, 66-67, 68-69, 74,75 (h), 78, 84, 85(h), 86(h), 87, 88(h), 88(b), 90, 94(b), 100-101, 7102, 109, 111, 113, 115, 124-125, 126-127, 130-131, 132, 138, 140-141, 143, 148, 161(d), 162-163, 164, 168-169, 176, 177, 181, 184, 185(h), 186(h), 188(b), 189.

Couverture:www.magiccarpics.com(hg, hd, mg, md), DPPI(b).

Conçu et réalisé par Copyright

Conception graphique: Ute-Charlotte HettlerCouverture:Solenne Siben

Mise en page: Zarko Telebak

Realisation photogravure: Frédéric Bar

图书在版编目（CIP）数据

名车 /（法）法布里斯 · 科南著；周瑛译 . —上海：上海文化出版社，2019.4

ISBN 978-7-5535-1534-2

Ⅰ. ①名… Ⅱ. ①法… ②周… Ⅲ. ①汽车 – 普及读物 Ⅳ. ① U46-49

中国版本图书馆 CIP 数据核字（2019）第 063446 号

出 版 人：姜逸青
策 划 人：贺鹏飞
责任编辑：何智明
特约编辑：苑浩泰
装帧设计：灵动视线

书　　名：名　车
作　　者：（法）法布里斯 · 科南
译　　者：周　瑛
出　　版：上海世纪出版集团　上海文化出版社
地　　址：上海市绍兴路 7 号　200020
发　　行：上海文艺出版社发行中心
　　　　　上海福建中路 193 号　200001　www.ewen.co
印　　刷：北京天恒嘉业印刷有限公司
开　　本：960 × 640　1/16
印　　张：13.5
印　　次：2019 年 6 月第一版　2019 年 6 月第一次印刷
国际书号：ISBN 978-7-5535-1534-2 / TS.050
定　　价：59.80 元
告 读 者：如发现本书有质量问题请与印刷厂质量科联系　T：010-85376178

著作权合同登记号　图字：09-2018-678 号